Mit der Stasi ins Bett

Stefan Spector

Mit der Stasi ins Bett

Die kurze Karriere eines Romeos

edition ost

Inhalt

Kleines Vorwort des Autors

In seinem Buch »Lenin kam nur bis Lüdenscheid« beschreibt Richard David Precht autobiografisch, auf welch menschelnden Umwegen Leute rote Ansichten bekommen können, und wie sie sie später wieder ablegen. Dazu sollte es endlich eine Replik geben, dachte ich mir. »Jérôme« hatte zwar einen anderen Werdegang als Precht, aber auch eine Menge mit ihm gemeinsam. Nur hatte ich wesentlich andere Schlüsse aus der gleichen Gegenwart gezogen. Während Precht sich gegen Ende der DDR gerne von der absichtsvoll verbreiteten Parole einlullen ließ, dass mehr Liberalismus zum Guten führen werde, tat ich zumindest alles, was ich konnte, um den absehbaren Entwicklungen etwas entgegenzusetzen, solange es ging …

Ich mische mich ungern in Diskussionen über das Ende der DDR ein, das überlasse ich lieber Experten. Aber ich habe ein sehr deutliches Gespür dafür, wie die normalen Leute getäuscht wurden. Viele erwarteten 1989/90 Veränderungen, was die eigenen Lebensumstände angeht, aber für sehr viele endete es mit dem Gegenteil des Erhofften und mit dem Trugbild einer »Mutter Courage« alias Regine Hildebrandt, die ihnen immer wieder versicherte, dass das »doch nun wirklich nicht sein kann« – was dann aber trotzdem passierte.

Ich habe nach Jahrzehnten nicht mehr jedes Detail im Kopf, bekomme aber eine Menge zusammen und entschuldige mich für eventuelle Ungenauigkeiten. Ich zeichne anstelle einer Dokumentation lieber ein buntes Bild der Welt, wie ich sie erlebt habe. Fangen wir am besten im Hamburg der siebziger Jahre an, dann geht es über Westberlin und Berlin bis nach Bulgarien, Frankreich und Bayern …

Stefan »Jérôme« Spector,
Augsburg, Sommer 2019

Großgeworden in Hamburg

Als ich 1964 in Hamburg geboren wurde, deutete wenig darauf hin, dass ich es einmal mit der DDR, mit der F.D.P. und deren Ministern zu tun haben würde. Mit jeweils drei Fernseh- und Radioprogrammen lebte es sich wie überall in der BRD. Kindergarten, Schule – wenig Außergewöhnliches. Die muffige Adenauer-Zeit ging ihrem Ende entgegen, Willy Brandt verhieß »Mehr Demokratie wagen«, und sogar meine spätere Art zu leben wurde nicht mehr per § 175 mit bis zu fünf Jahren Zuchthaus bestraft. Jahrzehntelang waren »Gastarbeiter« gemäß Verträgen mit ihren Herkunftsländern zu Untertarif und ohne Sozialversicherung beschäftigt – auch das sollte sich langsam ändern. Man konnte allerdings deutlich spüren, dass der Geist der sich ändernden Zeit sich nur langsam und mühsam in der Gesellschaft durchsetzte. Die BILD-Zeitung hetzte regelmäßig gegen streikende Arbeiter, die »Frauenzeitschriften« berichteten lieber über Farah Diba und Jackie Onassis.

Ich wuchs auf in Hamburg-Hamm, vor dem Zweiten Weltkrieg eine Mischung aus lieblichen Villen und Gründerzeit-Mietskasernen, nach dem Krieg ein Meer von Ruinen, später ein Arrangement von Zeilenhäusern aus rotem Backstein. An den meisten dieser roten Backstein-Häuser waren, solange ich denken kann, etwa schallplattengroße Plaketten aus rotem Ton angebracht: »1943 zerstört – 1958 aufgebaut.« Die Jahreszahlen variierten. »Heimat« sieht anders aus. Es wäre wohl eine gute Idee gewesen, nicht von 1939 bis 1945 halb Europa niederzumähen und deutsche Panzer bis in die Sahara und nach Stalingrad fahren zu lassen. Unsere Oma fragte dazu immer bloß: »Was hatten die da zu suchen?« Immerhin waren in unserer Familie alle relativ unbeschadet durch den Krieg gekommen, allen voran mein Opa als Koch in der Offiziersküche.

Meine Mutter und ihre Schwester gehörten zur ersten Familien-Generation, die in Hamburg geboren worden war. Ihre Eltern stammten aus unterschiedlichen Gegenden des Hamburg umgebenden Preußen, hatten aber Vorfahren in Frankreich und Dänemark, in Aschersleben und Ostpreußen. Typisch für die »industrielle Revolution«. Auf den Geburtsurkunden der Kinder standen selten die Berufe der Eltern, von denen später erzählt wurde; nur wenige Kinder seien ehelich gewesen, hieß es. Eine Tante starb 1953 bei einem illegalen Schwangerschaftsabbruch.

Wir Kindergartenkinder in Hamm lebten alle in »Einelternfamilien« – damals gab es dafür weniger schöne Ausdrücke. Eine geschiedene Frau und eine ledige Mutter wie die meine teilten sich damals die unterste Kategorie sozialen Ansehens. Die Bilderbücher im Kindergarten gaukelten uns hingegen eine völlig andere »Realität« vor: Vater, Mutter, Kinder.

»Das ist doch alles bloß Gelüge!« … »Das gibt das doch in Echt gar nicht!« … »Wo gibt das denn Familien, wo ein Vater mit wohnt?!« Solche Satzfetzen, die ich als Dreijähriger vernahm, brannten sich mir tief ins Gehirn. Nur ein einziger Junge im Kindergarten konnte einen

Vater vorweisen, mit dem er zusammen wohnte – und der war Witwer. Es dauerte nicht lange, bis dieser eine Kindergärtnerin heiratete, und Fred verließ uns. Die Kindergärtnerin verschwand kurz danach.

Merke: Wenn Kinder schon so früh den Eindruck haben, belogen zu werden, kann es passieren, dass manche von ihnen später einen ausgeprägten Revoluzzer-Instinkt entwickeln. Dazu gehört insbesondere die Angewohnheit, jegliche Vorspiegelung von »Wirklichkeiten« zu hinterfragen und eigene Schlüsse zu ziehen.

Fun Fact: Es hat schon eine besondere Pointe, wenn man erst Ende der neunziger Jahre aus dem Internet erfährt, dass man einen Familiennamen trägt, der weltweit unschwer als jüdischer Name identifiziert wird. Unsere Familie Spector hatte sich wohl mal bei einem Umzug nach Ostpreußen in die Papiere »evangelisch« eintragen lassen. Zumindest erklärt das auch die putzige Familiengeschichte, warum die holsteinischen Mitglieder unsere Familie bei einer Hochzeit in den späten zwanziger Jahren auf St. Pauli alle Kirchenlieder aus voller Kehle mitsangen, die Spectors hingegen schweigend aus der Wäsche und auf die Erde gekuckt haben.

Qualifizierten solche Erfahrungen fürs MfS? Eigentlich nicht – könnte man im ersten Moment denken. Eine banale Lügengeschichte kannte fast jeder. Wie die Story von irgendeiner Nachbarin, deren Sohn dem Postboten wie aus dem Gesicht geschnitten war. Es sollten sich später allerdings in unserer Familie noch andere Lügengeschichten auftürmen, die wohl ein ganzes Buch wert wären. Selten wussten Kinder genau, wer ihr Vater war, und einmal wurde es richtig absurd, als ein Cousin meiner Mutter auf dem Holzweg war, was den Familiennamen seiner Verlobten anging: Dabei wollte er sie nur im Krankenhaus besuchen, als sie »Blinddarm hatte«.

Sie wollte ganz bieder »heile Welt« spielen und hatte sich unter dem Namen des Mannes vorgestellt, der mit ihrer Mutter zusammenlebte – die ihn aber wegen ihrer Kriegerwitwenrente, die sonst weggefallen wäre, nicht ehelichte. Naja, wilde Ehen waren immerhin erlaubt, wenn es um solche Renten ging.

Wer in der verlogenen Welt der sechziger und siebziger Jahre aufwuchs, dem wuchsen auch Zweifel, ob die Welt wirklich so war, wie einem erzählt wurde. Man spürt es in verschiedenen Situationen, dass man in einem Lügengeflecht lebte. Wenn man langsam immer weiter an Sachen herangeführt wird, die einem vorher absurd schienen. Mein Großvater zum Beispiel berichtete zunehmend Details von seiner »großen Liebe« namens Gottlieb, der aus der Gegend von Karlsruhe kam. Sie hatten sich 1939 bei der Wehrmacht kennengelernt und 1962 ihr letztes gemeinsames Wochenende in einem Gasthof verbracht. Oma saß dabei, als mir Opa beim Kartoffelschälen dies erzählte ... 23 Jahre haben sie sich immer wieder getroffen, die Ehefrauen haben sich nie kennengelernt.

Gelogen wurde im Privaten wie im Gesellschaftlichen. Irgendwann durchschaute ich dies. Nein, die Spanier waren nicht arm, weil sie faul waren, sondern weil der Franco-Faschismus ihr Land so sehr hatte verarmen lassen. Auch die Italiener im Mezzogiorno waren nicht faul: Sie wurden von der Mafia ausgenommen und freuten sich, im fernen Deutschland als »Gastarbeiter« ihren kargen Lohn behalten zu dürfen. Und wer sich bequemte, mal in die DDR zu fahren, entdeckte dort Unerhörtes, was von dem Bild abwich, das hier von ihr verbreitet wurde. Wie eben unser profanes Leben in Hamburg sich erheblich von jenem »Leben« unterschied, wie es im Fernsehen gezeigt wurde.

Schülerausweis
des Gymnasiums
in Borgfelde, 1980

Ich bin in Hamburg in einer ausgesprochen weißen und deutschen Welt großgeworden. Zwar lebten schon damals viele ausländische Einwohner unter uns, aber die Stadt war in vielerlei Hinsicht geteilt. Hamburg-Hamm, zum Beispiel, war nach dem Krieg neu aufgebaut worden. Die Zeilenhäuser aus rotem Backstein besaßen Kachelöfen, alle Badezimmer waren mit elektrischen Boilern ausgestattet. Die Wohnungen der Schulfreunde sahen aus wie die unsrige. Als ich 1970 eingeschult wurde, gab es eine einzige ausländische Mitschülerin. Reiko kam aus dem japanischen Yokohama, sprach kein Wort Deutsch, wie ihre Mutter, aber ihr Vater hatte wohl einen guten Job bei einer internationalen Firma und verständigte sich englisch. Nach ein, zwei Jahren verließ uns Reiko gleichsam über Nacht. Sie war weg, ohne Abschiedsfeier. Ihr Vater hatte vermutlich einen neuen Job in einer anderen Stadt in einem anderen Land zugewiesen bekommen.

Türken? Griechen? Italiener? Die traf man allenfalls am Hauptbahnhof und in der Innenstadt, insbesondere zum Winter- und zum Sommerschlussverkauf, aber nicht in Hamburg-Hamm. Mir erschien das schon ziemlich früh als eine Art Apartheid: Wir weißen Deutschen wohnten in den einfachen, aber netten Häusern, und die »Ausländer«, langsam und allmählich aus ihren Wohnheimen in die normale Welt entlassen, fanden ihr Zuhause in damals verkommenen Stadtteilen wie St. Georg, St. Pauli, im Schanzenviertel oder in Altona.

In meiner Abiturklasse hatten wir einen Türken und eine Griechin. Mein türkischer Schulkamerad erzählte manchmal, dass seine Familie wegen extremer Armut nach Deutschland gekommen sei, im Dorf, in dem sie damals lebten, waren einige Kinder an Unterernährung gestorben. Mit zehn Jahren wurde er zum Übersetzer für seine Eltern. Deutschkurse für ausländische Mitbürger? Die gängige Antwort auf diese Frage lautete noch in den späten achtziger Jahren: »Die sind hier, um zu arbeiten, und nicht, um Deutsch zu lernen.« Für mich als Lehramtsstudenten war das damals unbegreiflich bis absurd, aber völlig »normal«.

Die Griechin hatte eine bewegte Geschichte. Ihre Familie gehörte zu den sogenannten Bürgerkriegsflüchtlingen. Der Krieg hatte bereits während der deutschen Besetzung begonnen. Die linke Volksbefreiungsbewegung ELAS und die konservativ-monarchistische EDES kämpften zunächst gegen die Okkupanten und dann gegeneinander. Die ELAS wollte eine Republik, die antikommunistische EDES eine Monarchie. In dieser schließlich bewaffneten Auseinandersetzung wurden die reaktionären Kräfte vom Westen massiv unterstützt, um eine Ausdehnung des »sowjetischen Einflussbereichs« zu verhindern. Das gehörte zur Nachkriegsstrategie der Amerikaner, und die hieß *containment*. Zehntausende Griechen flohen nach Ungarn, Polen und in die Tschechoslowakei. Die sowjetisch besetzte Zone, aus der 1949 die DDR wurde, nahm 1300 griechische Kinder auf. Darunter auch den Vater meiner Schulkameradin. Sie war darum in Leipzig aufgewachsen und hatte Verwandte in Rumänien und in der DDR. Sie erzählte gern von ihren Sommerferien, die sie bei der Familie in Rumänien verbracht hatte. Und zögerlich, mit einer gewissen Vorsicht, berichtete sie auch über ihr Leben in der DDR. Irgendwie ließ sich der Vater von der westlichen Propaganda besabbeln und zog in den frühen Siebzigern nach Hamburg. Von Stund an war er allerdings nicht mehr gleichberechtigter Mitbürger, sondern gehörte qua Name und Herkunft zu den allenfalls Gelittenen. Er versuchte sein Glück als Fabrikarbeiter und sorgte dafür, dass seine Tochter 1982 Abitur machte.

Die Griechin und der Türke waren, wie schon erwähnt, die beiden einzigen Ausländer unter den knapp 80 Abiturienten meines Jahrgangs.

Neugier auf die Welt

Vielleicht wäre vieles anders verlaufen, wenn da nicht meine große Neugier gewesen wäre, die mich schon mit zwölf Jahren dazu brachte, mehr als nur die drei üblichen UKW-Sender des *NDR* zu suchen. Damals gab es ein großes Angebot auf Mittel-, Lang- und Kurzwelle. Ich entdeckte ziemlich bald *Stimme der DDR* und Österreich auf Kurzwelle, den *ORF*, die *BBC* und *Radio Moskau*. Ich konnte mit jedem Radio quasi um die Welt reisen. Und der Kalte Krieg sorgte dafür, dass viele Länder in Ost und West Rundfunksendungen in deutscher Sprache ausstrahlten. Es war wie im Rammstein-Song »Radio«: »Doch jede Nacht für ein, zwei Stunden / Bin ich dieser Welt entschwunden / Jede Nacht ein bisschen froh / Mein Ohr ganz nah am Weltempfänger / Radio, mein Radio / Ich lass' mich in den Äther saugen / Meine Ohren werden Augen / Radio, mein Radio / So höre ich, was ich nicht seh / Stille heimlich fernes Weh ...« *BILD* wusste sofort nach Erscheinen des Songs, dass es Rammsteins »Abrechnung mit der DDR« sei. Komisch, bei mir war's ebenso. Und ich lebte in der Bundesrepublik.

In einem Osterurlaub mit der Familie auf Sylt kriegte ich nicht mal den Mittelwellensender Hamburg rein. Dafür aber *Stimme der DDR* auf 782 kHz ... So gab es fast eine Woche lang DDR-Radio im idyllischen Keitum auf Sylt zwischen Friesenhäusern mit Reetdach. Meine Oma mochte am liebsten den damals oft gespielten ersten großen Hit von Jürgen Walter »Schallala, schallali«.

1978, ich war vierzehn, bekamen wir eine größere Antenne auf das Dach unseres Mietshauses in Hamburg: Seitdem konnten wir auch DDR-Fernsehen kucken. Neben dem bekannten Angebot an »Montagsfilmen« (wöchentlich meist abwechselnd ein alter UFA-Film und ein internationaler Film) hab ich mir bald angewöhnt, danach auch noch den *Schwarzen Kanal* zu sehen, wo Karl-Eduard von Schnitzler oft interessante Analysen bot. Von nordischen Ufa-Dramen wie »Das Mädchen von Fanö« bis hin zu »Cabaret« war alles im Programm. Letzteres konnte man im Abstand von wenigen Tagen auch noch mal in der *ARD* sehen, wenn auch in anderer Synchronisation. Die französische Komödie »Julie klebt wie Leim« mit Marlène Jobert gab es hingegen im Westen mit gleicher Synchronisation, aber mit einem anderen Titel. Es war immer auffällig, dass viele »Montagsfilme« kurz vorher oder nachher in der *ARD* oder im *ZDF* liefen.

Was mich aber fürs spätere Leben noch viel neugieriger machte, waren die Alltagsfilme und -serien mit Agnes Kraus, Herbert Köfer und anderen DDR-Schauspielern. Gerade dieses Alltagsleben in der DDR hat mich ausgesprochen neugierig auf mehr gemacht. In vielen Spielfilmen, Serien und Krimis aus Berlin-Adlershof wohnten die Leute wie wir auch in einer normalen Mietwohnung und nicht in einer Villa in München-Grünwald. Das entsprach eher meiner eigenen Lebenswirklichkeit.

Von 1977 bis 1979 hörte ich besonders viel *Radio Sofia* auf Kurzwelle. Die Sender weltweit, die Programme in fremden Sprachen ausstrahlten, waren an Empfangsberichten interessiert, um zu erfahren, wo überall auf

RADIO SOFIA

BULGARIA

La città di Nessebar

QSL-Karte von Spectors Lieblingssender *Radio Sofia*

der Erde sie gehört wurden, um mithilfe dieser Kritiken ihre Sendungen zu optimieren. Heute nennt man das Marktforschung. Ich war beim bulgarischen Sender hängengeblieben, weil er ein sehr interessantes und abwechslungsreiches Programm ausstrahlte. So entstand meine Liebe zu Bulgarien.

Die *Hamburgische Öffentliche Bücherhalle*, die größte Bibliothek meiner Heimatstadt, verfügte nicht nur über stattliche Büchermengen, sondern in der vierten Etage auch über eine unglaublich gut ausgestattete Plattensammlung. Im Parterre gab es einen riesigen Zeitungsbereich, wo ich mit wachsenden Fremdsprachenkenntnissen viel zu lesen hatte. Es war spannend festzustellen, dass es auch andere Meldungen und Darstellungen gab, als sich in deutschen Medien fanden. Aus den USA kam die *International Herald Tribune*, damals eine Koproduktion von *New York Times* und *Washington Post*, aus Großbritannien die *Times*, der *Guardian* und der *Telegraph*, aus Frankreich *Le Monde* und der *Figaro*, aber auch die *Humanité*, dazu eine Reihe von Zeitungen aus dem nahen Skandinavien und Osteuropa. Das *Neue*

Deutschland aus der DDR kam immer mit zwei, drei Tagen Verspätung, aber es lag auch aus.

Damals war es völlig normal, dass ausländische Zeitungen nicht an den Tagen zu bekommen waren, an denen sie erschienen, auch wenn Hamburg einen internationalen Flughafen hatte. Heute können sich junge Menschen kaum vorstellen, dass seinerzeit westdeutsche Touristen in Spanien oder Griechenland nachmittags auf die *BILD* vom Vortag warteten, deren Ankunft am Swimming-Pool ausgerufen wurde. Wer clever und der englischen Sprache mächtig war, las in Griechenland die beiden lokalen englischsprachigen Tageszeitungen oder in Bulgarien Zeitungen aus der DDR, die schon am selben Tag mittags ankamen, während die westdeutsche Qualitätspresse *(FR, FAZ, Süddeutsche)* einen Tag länger brauchte.

Machte diese Lektüre einen zur roten Socke? Eigentlich nicht – aber es öffnete den Blick dafür, dass noch andere Sachen auf der Welt geschahen und andere Urteile über politische Vorgänge möglich waren, als sie in den westdeutschen Medien angeboten wurden. Und wenn einem dann der Klassenlehrer in der 10. Klasse vorführte, dass und wie man sich »für die Wirtschaft« qualifizieren müsse, was bei ihm vornehmlich über den Tennissport erfolgte – damals ein Sport der Reichen und Schönen –, dann nährte das Zweifel, ob diese Welt die beste aller Welten war.

Niemand wird durch ein solches Gefühl wirklich rot – zunächst fühlte man sich als »einfacher« Jugendlicher in Hamburg-Hamm eben nur verarscht. Ich gehörte nicht zu den Armen, aber hatte Schulkameraden, die deutlich weniger besaßen. Ich bekam ein Gespür dafür, was gerecht und was ungerecht, was korrekt oder über alle Maßen schräg war. So ließen mich auch die nächsten

Jahre heftig daran zweifeln, dass ich auf dem richtigen Dampfer saß …

Wobei ich schon früh lernte, dass es nicht immer die beste Idee war, auf dem Balkon meine Lieblingsmusik zu hören – etwa die 4. Symphonie von Bruckner –, was meine Mutter noch ertrug. Doch als dann auch noch mitgeteilt wurde, dass das Konzert von *Stimme der DDR* übertragen worden war, nahm sie das nicht so gelassen hin. Was sollten die Nachbarn sagen?

Ich ging auf ein sehr modernes Gymnasium. Die Lehrer/innen waren von der Schulleiterin handverlesen, denn diese hatte das Haus selbst gegründet. Ich gehörte zum ersten Jahrgang im neuen Gebäude. Und es war auch architektonisch sehr modern! »Sichtbeton« – nackte Betonwände überall, gelegentlich farbig gestrichen. Zwei Mal wollte der Schulsenator unsere Schule schließen lassen – und so hielten uns unsere Lehrer aktiv dazu an, doch auf jeden Fall mehrere Schulstreiks mit gleichzeitigen Schülerdemos zu unterstützen. Einmal ging es zum Schulsenator, der im Gebäude des Einkaufszentrums an der Hamburger Straße residierte, einmal marschierten wir durch die Innenstadt, wurden allerdings von Polizisten recht rüde daran gehindert, den Rathausmarkt zu besetzen. So gibt es keine Pressefotos unserer Demo vor dem Rathaus. Stattdessen fotografierten uns Touristen aus aller Welt, als wir über den Jungfernstieg liefen.

Unsere Lehrer durften nicht mitstreiken, die meisten waren Beamte, aber sie ließen sich am nächsten Tag die Schülerdemos in allen Farben schildern. So lernte ich, was man in Fächern wie Deutsch und Gemeinschaftskunde, aber auch im Fremdsprachenunterricht alles treiben kann. Geschadet hat es gewiss nicht.

Nach einiger Zeit politischer Orientierung gelangte ich zur Friedensinitiative Hamburg-Hamm. Nicht nur die Abende mit politischen Diskussionen und Tee sowie mit Mieke, Helga, Stephan und den anderen waren interessant. Mir eröffnete sich eine völlig neue Welt. Auf einmal traf ich Menschen, mit denen ich mich sehr ernsthaft austauschen konnte und auf einer Wellenlänge lag. Ich war siebzehn und spürte, dass ich mich ein bisschen mehr für die Welt interessieren sollte als bisher. Das, worüber wir redeten, war deutlich anderes als das fast kriegslüsterne Geschnacke von Mitschülern aus der Jungen Union. Dort hatte ich immerhin das Kunststück fertiggebracht, nach vier Wochen und viel Bier einen Aufnahmeantrag zu unterschreiben, wild zu diskutieren und wieder auszutreten. Man kann auf Bierdeckeln nicht nur Steuererklärungen formulieren, wie einige Politiker meinen, sondern auch einen Austritt aus der Jungen Union. Der Mitgliedsausweis liegt aber noch irgendwo im Schrank.

In der Friedensinitiative Hamm existierten ein eher DKP-orientierter Flügel und eine eher links-grün-anarchistisch ausgerichtete Gruppe. In der gab es einen jungen Mann, der den Spitznamen »Stephan Stalin« trug, sein Vater war in der DKP. Mich störte diese Gemengelage in den Zeiten der Friedensbewegung wenig, denn die war sehr breit. Außerdem war ich jung und politisch deutlich unerfahren. Ich entdeckte eine interessante neue Welt voller Widersprüche.

Wer sich damals friedenspolitisch engagierte, musste am 10. Oktober 1981 nach Bonn. Es war die Zeit des *Krefelder Appells*, des millionenfach unterzeichneten Appells zur Abrüstung in einer Zeit des großen Wettrüstens. Auch ich wollte zur Großdemo nach Bonn, wobei ich fast keine Fahrkarte mehr bekam. Aber es gab ein gedrucktes Heft, wo alle Verkaufsstellen aufgeführt

Große Friedensdemo am 10. Oktober 1981 im Bonner Hofgarten:
für Stefan Spector ein prägendes Erlebnis

waren, die Tickets für die Sonderzüge führten. Nach
vielen Anrufen – überall ausverkauft – hatte ich Glück:
Die DKP Eimsbüttel hatte noch eine Karte übrig, und
keine Stunde später hielt ich sie in den Händen. Die
Sonderzüge von Hamburg und zurück fuhren übrigens
über Nacht.

Der Sternmarsch zum Bonner Hofgarten war für
mich ein sehr prägendes Ereignis. Wie wahrscheinlich
auch für die anderen etwa 300 000 Teilnehmer, die ein
Ende der Hochrüstung forderten. Noch heute treffe ich
Leute, die mit dabei waren. Für jeden war das ein ganz
besonderer Tag im Leben, den man nicht vergisst!

Dazu gab es für mich einen Nachschlag. Auf einer
Sprachreise nach Tours in Frankreich hatte ich einen
jungen Mann aus Antwerpen kennengelernt, der mich
zur Friedensdemo am 25. Oktober in Brüssel einlud.

Das Wetter war fürchterlich, aber die Atmosphäre toll.

Dirk aus Antwerpen sprach ein bisschen besser Französisch als ich, was man von einem Belgier auch erwarten durfte. Er sprach auch in ungewohntem Ton über die mitregierende Sozialistische Partei in Belgien, die offenbar anders war als die deutsche SPD. Sehr gewerkschaftsnah und friedensbewegt, worin sie sich von der SPD in der Bundesrepublik deutlich unterschied. Helmut Schmidt, der Bundeskanzler, hatte maßgeblich den NATO-Doppelbeschluss veranlasst, mit dem die »Raketenlücke« geschlossen und Milliardengeschäfte für die Rüstungsindustrie in Auftrag gegeben wurden. Das hieß »Nachrüstung«.

Schon möglich, dass Dirks Zuneigung zu den belgischen Sozialisten seine persönliche Art des Protests gegen seine Eltern war. Ich besuchte ihn einmal übers Wochenende in Knokke. Dort hatten er und seine Schwestern je ein eigenes Zimmer, und für mich war auch noch eins übrig. Erstmals erlebte ich Wohlstand. So weit zur Frage der goldenen Löffel.

In jener Zeit habe ich mein allererstes Flugblatt verfasst, das heißt: Ich habe es zusammen mit dem DKP-Genossen Achim geschrieben. Leider besitze ich es nicht mehr. Es war im März 1982 und handelte sich um eine schön getextete Einladung zum Ostermarsch, die manche Flugblatt-Tradition behutsam umwarf. Das haben wir gemeinsam entwickelt, weil wir meinten, dass ab und an eine neuere Formulierung aufs Papier gezaubert werden müsse. Damals begann ich das Texten zu lernen, was mir später beruflich, politisch und privat immer wieder helfen sollte.

Erste Begegnung
mit der DDR

Nach einigem Hin und Her entschied ich mich, Anglistik und Romanistik zu studieren. Fremdsprachige Literatur- und Sprachwissenschaft erschien mir spannend. Das ging zu Beginn der achtziger Jahre ohne Latinum, aber eben nur an einigen Unis in Nordrhein-Westfalen und in Westberlin. Da ich als Friedensbewegter keinen Bock auf Bundeswehr hatte, entschied ich mich für die in Sachen Geisteswissenschaften kleine, aber feine TU in Westberlin. Die Halbstadt war, so hatten es die vier Siegermächte beschlossen, weder Teil der Bundesrepublik noch wurde sie von ihr regiert. Die Bundesgesetze galten dort nicht, das Berliner Abgeordnetenhaus musste stets entsprechende Adaptionen beschließen. Bis auf Ausnahmen. So gab es beispielsweise keine Wehrpflicht. Westberliner durften nicht zum Bund einberufen werden. Das hing auch mit dem entmilitarisierten Status Berlins zusammen, den der Alliierte Kontrollrat nach dem Krieg verfügt hatte. Im sogenannten Viermächteabkommen von 1971 waren diese Prinzipien rechtsverbindlich fixiert worden. Es durften zum Beispiel keine deutschen Militärverbände in Berlin stationiert werden, das war ein Privileg der Sieger- und Besatzungsmächte.

Deshalb protestierten auch die Westmächte regelmäßig, wenn Einheiten der Nationalen Volksarmee in der DDR-Hauptstadt paradierten, weil sie dies als Verstoß gegen diese Vereinbarung interpretierten. In diesem Sinne verstieß auch die eigenmächtige Grenzöffnung am 9. November 1989 gegen die Zuständigkeit der Vier Mächte. Veränderungen dieser Art hätten von ihnen genehmigt werden müssen.

Im Frühjahr 1982 reiste ich nach Westberlin und ließ mich beraten, was man in Sachen Geisteswissenschaften so studieren könnte. Meine Studienberatung schien mir recht kurz zu sein. Was wollte man einem unbedarften Abiturienten, den man kaum kannte, auch raten? Man fragte mich beispielsweise, warum ich mit meinem Abi-Durchschnitt von 1,7 nicht ein Fach wählte, für das der Numerus clausus galt, also wo eine Zulassungsbeschränkung bestand und nur die besten Abiturienten einen Studienplatz bekämen. Etwa bei den Medizinern. Ich winkte ab. Dann kam der Vorschlag, statt auf Magister auf Lehramt Gymnasium zu studieren, da bekäme man noch etwas Pädagogik und Psychologie mit, und außerdem hätte man ein Praktikumssemester an öffentlichen Schulen zu absolvieren, was ja auch den Aufenthalt in Westberlin verlängerte. Danach könnte man das Gleiche wie Studenten mit Magisterabschluss machen, sagte man mir, also alles. Das Magisterstudium bereitete schließlich auf keinen bestimmten Beruf vor.

Nun, das wird den Nachgeborenen und den Ostdeutschen alles ein wenig verquast erscheinen, was gewiss zutrifft, doch die heutigen Studiengänge und -abschlüsse sind noch weniger verständlich. Nur so viel: Magister heißt heute neudeutsch Master.

Die Studienberatung im Hauptgebäude der TU endete bereits mittags. Danach fuhr ich zum Bahnhof Zoo und packte mein Gepäck in ein Schließfach. Ich wollte einen unbeschwerten Tag genießen. Mein erster Gedanke war, nach Kreuzberg zu fahren, weil das bekannt war – allerdings ohne konkrete Vorstellung, was ich da denn eigentlich wollte. Als Hamburger und geübter Großstädter studierte ich während der Fahrt mit der U-Bahn die Karte und entdeckte, dass man auch am Halleschen Tor umsteigen und zum Bahnhof Friedrichstraße fahren konnte. Irgendwie könne man relativ unproblematisch als Bundesbürger mit einem Tagesvisum von dort in die DDR gelangen, hatte ich mal gehört.

So stieg ich spontan am Halleschen Tor aus. Wechselte von der Hochbahn in die unterirdische U6. Am Bahnhof Kochstraße vernahm ich erstmals den später mir bald vertrauten doppelten Warnruf: »Letzter Bahnhof in Berlin-West! Letzter Bahnhof in Berlin-West!« Die nächsten beiden U-Bahnstationen – Stadtmitte und Französische Straße – waren nur spärlich beleuchtet und wurden ohne Halt passiert. Die Spannung stieg, als der Zug in den U-Bahnhof Friedrichstraße einrollte, obwohl alles normal schien. Viele Leute stiegen aus, andere warteten auf dem Bahnsteig und stiegen ein. Mich erstaunte diese Normalität ein bisschen. Schließlich tobte doch der Kalte Krieg und durch den Bahnhof ging der Eiserne Vorhang … Hier aber herrschte Betrieb wie in einem ganz gewöhnlichen Umsteigebahnhof, wobei ich später bemerkte, dass mancher der Reisenden nicht umstig, sondern nur in einem der von der DDR betriebenen Intershop-Läden billig Zigaretten und Alkohol kaufte.

Der zitronengelb gekachelte U-Bahnhof schien nur einen Ausgang zu haben, dem alle zustrebten. Am Südende des Bahnsteigs – das aber erfuhr ich erst nach dem Untergang der DDR – befand sich angeblich eine Agentenschleuse, dabei war es wohl nicht möglich, unbemerkt darin zu verschwinden oder von dort auf den Bahnsteig zu gelangen. Aber vielleicht hat es ja funktioniert.

Ich folgte also dem Schwarm. Am oberen Ende der Treppe erreichte man einen langen Gang. Von dort gelangte man zur S-Bahn, die hier unterirdisch von Westberlin nach Westberlin verkehrte. Der S-Bahnsteig war grün-weiß gekachelt, und auf der Hälfte konnte man ihn auch wieder verlassen. Über eine weitere Treppe erreichte man eine Art Zwischenebene. Dort war ebenfalls alles gut ausgeschildert. Man konnte sich entscheiden, ob man zur Fern- und Stadtbahn oder in die DDR einreisen wollte. Ich entschied mich wie geplant für den Grenzübergang. Ich legte meinen grünen Reisepass auf den Tresen und zahlte fünf D-Mark für das Einreisevisum, das man ohne Stempel in das Dokument gelegt bekam, dann folgte ich dem Fingerzeig, an einem kleinen Schalter dahinter auch den Mindestumtausch vorzunehmen. Ich schob meine 25 DM hinüber und bekam dafür ein Tütchen mit einem grünen Goethe und fünf Mark in Märkern und Groschen. Später sollte ich bemerken, dass das ein freundlicher Service war, den es so nicht immer gab.

Das war mein Eintritt in ein Land, das ich bis dahin nur in Schwarzweiß aus dem Fernsehen kannte. Es war der Anfang einer großen Liebe zu einem kleinen Staat, und er begann mit KARO und Bautzener Senf. Ein Kioskbetreiber außerhalb des Bahnhofs hatte mich auf meine Frage, wo es denn zur Innenstadt gehe, zum Boulevard Unter den Linden geschickt. Dann genoss ich ein kurzes Mittagessen in einem Selbstbedienungsrestaurant im Palasthotel, landete schließlich auf dem Alexanderplatz und stellte fest: alles wie im DDR-Fernsehen, nur viel bunter. Spaziergänger, Leute mit Einkaufsbeuteln,

Prenzlauer Berg: zwischen Trabant und Bürgersteig

viele Imbissbuden, niemand schien zu hungern. Nach
einer Bockwurst mit Schrippe und köstlichem Senf für
achtzig Pfennige war ich dicke satt. Meine Zigaretten
waren alle, und eine freundliche Kiosk-Verkäuferin
reichte mir auf meine Frage nach filterlosen Zigaretten
ein Päckchen KARO. Das kostete einssechzig, was ich
preiswert fand, weshalb ich gleich zwei Schachteln
kaufte. Sie kannte wohl solche Fragen von Westlern.
Zwar wurde im DDR-Fernsehen ähnlich viel gequalmt
wie in der *ARD* und im *ZDF*, aber nie wurden Namen
von Zigarettenmarken genannt. Woher also sollte man
im Westen wissen, woran die Ostler zogen? Die KARO,
das sollte ich noch anfügen, war völlig frei von Zusät-
zen: keine Geschmacksverstärker, Duftstoffe oder Par-
füme. Der reine Tabak und darum entsprechend stark.

Der Fernsehturm sah auch so aus wie im Fernsehen. Ich traf keinen, auch später nicht, der von »Telespargel« (DDR-Erfindung) oder »St. Walter« (Westkreation, weil auf der Kugel des in der Ulbricht-Zeit errichteten Turms die Abendsonne ein Kreuz zeichnete) gesprochen hätte. Die Berliner sagten einfach »Fernsehturm«. Ich hatte das schon in Hamburg festgestellt, dass sich Vox populi nicht vergewaltigen ließ. Den Heinrich-Hertz-Turm am Dammtor-Bahnhof, den ich wunderschön finde, nennt auch kein Schwein »Telemichel«, sondern nur »Fernsehturm«.

Ich glaube nicht, dass es am Wetter lag – es war ein angenehmer, heiterer Frühlingstag –, dass ich dieses ganze Kalte-Kriegs-Gequatsche für ziemlichen Hokuspokus hielt. Das Leben lief hier ganz normal, und selbst als Tourist bekam man Dinge mit, die nicht unangenehm waren. Wenn man bei uns einen innerstädtischen Bahnhof verließ, wurde man von greller Leuchtreklame erschlagen. Die stand in schreiendem Gegensatz zu Elend und Tristesse, die gemeinhin rings um Bahnhöfe in der kapitalistischen Welt zu Hause sind. Hier sah ich weder viel Reklame noch Obdachlose oder Bettler, keine Prostituierten oder Stricher. Gut, ja, da und dort hingen Losungen. An S-Bahnbrücken warb das *Neue Deutschland*, das Zentralorgan der SED, um Leser, und an einem Hochhaus am Alexanderplatz, das sich Pressehaus nannte, stand in Riesenlettern »Wer jung ist, liest die *Junge Welt*«. Das konnte man verschmerzen.

Ich sah auch niemanden, der bunte Plastiktüten mit sich führte. Die Leute trugen ihre Kohlköpfe und Saftflaschen in Netzen und Beuteln. Das fand ich sehr ökologisch, was man auch den Papierkörben ansah: Die quollen nicht über. Jahre später vernahm ich, dass die Abwesenheit der Plastiktüten als Ausdruck von Mangel

Das Herz der Hauptstadt: der Fernsehturm am Alexanderplatz

und Armut verstanden und beklagt wurde. Doch weitere Jahre später, als auf den Weltmeeren der Plastikmüll in großen Mengen trieb und Fische und Vögel daran verendeten, wurden der Verzicht und das Verbot solcher Einkaufstüten als Fortschritt gefeiert. So fortschrittlich waren die damals angeblich Rückschrittlichen im Osten schon damals.

Am nächsten Tag saß ich wieder bei Achim in Hamburg. Uns rauchten die Köpfe wegen des Flugblatts und wegen der KARO, die wir gemeinsam qualmten. Ich hatte viel zu erzählen, Achim grinste wissend.

Nach dem Abitur ging's nach Westberlin. Am Tag nach dem letzten Schultag schnappte ich meine zwei Reisetaschen und bestieg die Bahn.

Mein erstes Quartier befand sich in einem besetzten Haus in der Stettiner Straße in Gesundbrunnen, mein zweites in Schöneberg: Bülowstraße 55, Aufgang 6, das »Tuntenhaus«. Im August '82 bezog ich schließlich meine erste eigene Wohnung in Westberlin. Im Juni hatte ich auf der Abiturfeier in Hamburg bereits meinen neuen Ausweis präsentiert. Im Unterschied zum grauen BRD-Dokument war dieser grün und trug den Aufdruck: »Behelfsmäßiger Personalausweis«. Und während ich stolz meinen grünen Ausweis vorwies, zeigten mir einige meiner Freunde ihren Einberufungsbefehl zum Bund.

Nun wird vielleicht mancher fragen: Welche Adresse stand in dem Behelfsausweis, wenn der Kerl bei Besetzers hauste? Auf der Behörde, bei der ich mich als Neu-Westberliner anmeldete, musste ich ein entsprechendes Formular ausfüllen und unterschreiben. Ich zögerte beim Feld »Unterschrift des Vermieters«. Das sah die Frau hinterm Tresen. »Unterschreiben Sie doch mit B. Setzer«, sagte die Beamtin und griente. »Das machen sie alle hier.«

Vielleicht noch ein paar Sätze zu meinem ersten Quartier in der Stettiner 56. Die Besetzer waren frei von kämpferischem Ehrgeiz, was nicht zuletzt auf die sogenannte »Berliner Linie« zurückzuführen war. Der Senat ließ die Besetzer in Ruhe, und die Besetzer hielten es ebenso. Wie viele andere Häuser war auch dieser Gebäudekomplex – Vorderhaus, dahinter zwei Quergebäude plus Seitenflügel – entmietet worden, um sie abzureißen und anschließend einen Neubau an dieser Stelle zu errichten, mit dem sich wesentlich höhere Mieten erzielen lassen würden. Bis 1988, das zur Erklärung, galt die noch aus der Vorkriegszeit stammende Mietpreisbindung für alle Altbauten, damit waren also Mietsteigerungen kaum möglich. Die Chancen waren bei Neubauten ganz andere. Im Osten verhielt es sich ähnlich, wobei auch bei den Neubauwohnungen die Mieten im Wesentlichen auf Vorkriegsniveau eingefroren blieben. Wohnungen waren, im Unterschied zum Westen, weder Kapitalanlage noch Spekulationsobjekt.

In der Stettiner 56 hatte der Eigentümer die sanitären Anlagen und Teile der elektrischen Versorgung bereits entsorgt, als das Haus besetzt wurde. Als ich dort für ein paar Wochen Unterschlupf fand, hatten die Bewohner einiges schon notdürftig geflickt. Die Toiletten funktionierten wieder, es floss Wasser, Strom gab es über ein endloses Gewirr von Verlängerungsschnüren und Mehrfachsteckdosen. Auf dem Hof hinter dem zweiten Quergebäude feierte ich meinen 18. Geburtstag mit Gegrilltem, Kartoffelsalat und Bier vom Aldi. Wenn ich heute jungen Menschen davon berichte, starren sie mich ehrfürchtig an: Wow, Geburtstagsparty im dritten Hinterhof eines besetzten Hauses auf dem roten Wedding! Was für Zeiten!

Man sah dem Haus von außen nicht an, dass es besetzt war. Dort lebte eine seltsame Mischung von

»Hörerdiplom«
von *Radio Sofia*
von 1979

Arbeitslosen, Alkoholikern und anderen Ausgegrenzten, die sich mit Sozialhilfe und Gelegenheitsjobs über Wasser hielten. Die »echten Hausbesetzer«, die aus politischen Motiven leerstehende Häuser okkupierten, waren weitergezogen. Deswegen war es auch nicht so schwer, hier einzuziehen.

Unter meinen Kurzwellensendern war mir *Radio Sofia* lange Zeit am liebsten. Ich besaß zwei »Hörerdiplome« und war, wie alle anderen DXer – so nannten sich die Kurzwellen-Freaks – scharf auf die schönen QSL-Karten, die einem die Sender auf Anfrage zuschickten. Und mich bedrängte zunehmend der Wunsch, einmal dorthin zu reisen. Irgendetwas zog mich nach Bulgarien. Im Juli 1982, nach dem Abitur und vor Studienbeginn in Berlin, flog ich ans Schwarze Meer. Die Reise war ein Geschenk meiner Mutter, die mich an den Sonnenstrand begleitete. Wir waren aber nur einen Tag am Strand, denn es war viel interessanter, das Land zu entdecken. Wiederholt liefen wir nach Nessebar oder fuhren für ein paar Stotinki mit dem Bus in diese Stadt, die vor zweieinhalbtausend Jahren von den Griechen gegründet und besiedelt worden war und heute zum UNESCO-Weltkultur- und Naturerbe gehört. Wir haben die Altstadt, ein gewaltiges Freiluftmuseum, von vorn bis hinten durchquert. Es wurde nie langweilig, es gab immer wieder neues Altes zu entdecken. Ins Café an der Ruine der alten Metropoliten-Kirche kehrten wir oft ein. Das tue ich auch heute noch mit meinem Mann.

Die Anreise war bereits ein Abenteuer, es ging nämlich über den Zentralflughafen Schönefeld/DDR. Wir fuhren mit der U-Bahn nach Rudow in Westberlin, bestiegen dort einen Bus, der uns nach zwei Grenzkontrollen in Westberlin und der DDR am Flughafen ablieferte. Dort bestiegen wir eine Linienmaschine der Interflug, eine TU-134, die uns nach Burgas brachte. Wow, kein Billig-Charter mit lausigem Service. Mit dem Bus ging es schließlich direkt zur Hotelanlage, die am südlichen Ende des langgestreckten Ferienortes liegt. Die Anlage existiert noch immer.

Mich haben die bulgarische Küche und ihre Düfte umgehauen, allen voran der Schopska-Salat aus Tomaten, Gurken, rohem oder gebratenem Paprika, Zwiebeln, Petersilie, Öl, Essig und Salzlakenkäse. Köstlich. In der Hotelanlage gab es ein großes Restaurant mit einer umfangreichen Variante der bekannten Balkantourist-Speisekarte. Die Zuständigen hatten eine Anzahl Gerichte »komponiert«, die sowohl typisch bulgarisch als auch für Touristen aus Deutschland, Großbritannien, Polen und der ČSSR annehmbar waren. Das Restaurant ist heute eine Ruine.

Unsere ausgedehnten Spaziergänge endeten oft in einem der vielen Freiluft-Cafés, wo ich das *Neue Deutschland* und die *Berliner Zeitung* studierte und dabei bulgarische Zigaretten der Marke »Slunce« (Слънце heißt »Sonne«) rauchte.

Heute rechnet man Bulgarien zu den ärmsten Ländern der Europäischen Union und der NATO. Den Bulgaren ging es schon mal besser. Da gehörte es zum östlichen Wirtschaftsblock und wurde mit dessen Hilfe aus einem reinen Agrarland zu einem Wirtschaftsland. Jeder hatte Arbeit und sein Auskommen. Inzwischen leben nur noch sieben Millionen Menschen im Land, das sind zwanzig Prozent weniger als Ende der achtziger Jahre. Viele gingen und suchten sich Arbeit in Westeuropa. Die allgegenwärtige Korruption und der Zustand von Kranken- und Rentenversicherung bedrücken die bulgarische Bevölkerung sehr.

Einzug ins
Westberliner Tuntenhaus

Der Umzug erfolgte im Juli 1982, vor Beginn des Semesters. Das Haus mit der Nr. 55 befand sich am »kurzen Ende« der Bülowstraße, südöstlich vom später fernsehbekannten Bülowbogen, den die Hochbahn heute wieder befährt. Das Haus war innen gediegen und geschmackvoll renoviert und eingerichtet, und der Aufgang 6 im Seitenflügel des zweiten Hinterhofs verfügte auf dem ausgebauten Dachboden über eine uralte, sehr gut erhaltene Emaille-Badewanne, die auf gusseisernen Füßen frei stand. Zog man den Stöpsel, lief das Wasser auf den Fußboden und dann in einen Abfluss. Im Boden. Damit das Wasser dorthin seinen Weg fand und nicht in das darunterliegende Stockwerk floss, hatte man den Fußboden großflächig mit weißer Schwimmbadfarbe gestrichen.

Aufgang 6 war das eigentliche »Tuntenhaus«. In den anderen Aufgängen hatte sich alles versammelt, was man so in Westberlin fand. In den vorderen Aufgängen echte Hausbesetzer, die aktuell über die Zukunft des Hauses verhandelten. Darüber wurde im ersten Hinterhof diskutiert. Das Haus stand vor allem deswegen im öffentlichen Fokus. Es war eins von drei Gebäuden, dazwischen befand sich ein »reguläres« Mietshaus.

Im zweiten Hinterhof gab es ursprünglich einen riesigen Komposthaufen, der war so schön »öko«. Und sehr praktisch. Alles, was heute »Biomüll« heißt, warf man einfach aus dem Fenster. Die Punks, die den Aufgang 8 bewohnten und gern und viel soffen, benutzten ihn auch als Toilette. Sie kannten keine Zurückhaltung, wenn sie im Rausch von den Fensterbänken im zweiten oder dritten Geschoss ihre Notdurft verrichteten. Der große Biomüllhaufen zog auch die Ratten an. Und als diese überhandnahmen, informierte jemand das Gesundheitsamt. Das schickte die Stadtreinigung, welche auf Steuerzahlers Kosten den Dreck entsorgte und Mülltonnen aufstellte. Auf gelben Zetteln, die im ganzen Haus angebracht wurden, ersuchte man die Bewohner höflich, diese künftig zu benutzen. Sie würden auch unentgeltlich geleert werden. Damals sorgte sich das Gesundheitsamt Schöneberg noch rührend um Hausbesetzer.

Ich hatte es wirklich nicht darauf abgesehen, doch ich landete schon bald in der City-Klause im Osten in den Armen von Siegmar. Siegmar kam aus dem Norden Berlins. Und während er zielgerichtet die Schwulen-Kneipe in der Friedrichstraße angesteuert hatte, war ich eher zufällig dort gelandet. Siegmar bevorzugte harte Sachen, also Schnaps, und nach einem ziemlichen Saufgelage landeten wir in Schildow. Ich hatte dann Mühe, mit dem Nachtbus noch rechtzeitig den Grenzübergang zu erreichen. Die DDR verstand viel Spaß – beim Grenzverkehr jedoch nicht. Da war man preußisch korrekt, auch wenn man es sonst mit dem Alten Fritz hielt und jeden nach seiner Façon glücklich werden ließ.

Zwar brachte mich der 101er Nachtbus beizeiten zum Bahnhof Friedrichstraße, und auch die U-Bahn fuhr noch. Nicht aber die S-Bahn, die hatte schon Betriebsschluss. So musste ich den Rest des Weges in die Bülowstraße zu Fuß zurücklegen.

Wurde in der DDR mehr gesoffen und gequalmt als in der Bundesrepublik? Laut Statistik schon, was später als Beleg für die abstruse Behauptung herhalten musste, dass die DDR-Oberen sich mit Schnaps und Zigaretten ihr Staatsvolk gefügig gemacht hätten. Das war insofern Blödsinn, als dass nicht nur das DDR-Gesundheitsministerium aufklärend gegen jede Art von Sucht vorging, aber natürlich – wie im Westen – das Finanzministerium gegen sich hatte, weil das scharf auf die darauf erhobenen Steuern war. Andererseits: Verglich man den Pro-Kopf-Verbrauch in den sogenannten Bier- und Schnapsgegenden wie dem Ruhrgebiet, Hamburg, Schleswig-Holstein und Niedersachsen mit dem Konsum der Ostdeutschen, so gab es kaum Unterschiede.

Mit Siegmar lernte ich den Teil Berlins kennen, der Hauptstadt der DDR war. Dadurch blieb Berlin seit Ausrufung des Deutschen Reiches im Spiegelsaal zu Versailles 1871 ununterbrochen Hauptstadt. Die Westdeutschen hatten das Provinznest Bonn 1949 als Hauptstadt ausgerufen und sich darin eingerichtet, weshalb es nach Herstellung der staatlichen Einheit im Bundestag zu einer Kampfabstimmung über die künftige Bundeshauptstadt kam. Ohne die 17 Stimmen der PDS und die vier Ostdeutschen von Bündnis '90 wäre es Bonn geblieben. Dass die Ossis für Berlin votierten, hing einfach damit zusammen, dass Berlin für sie immer Hauptstadt war und ist. Die Beziehung der meisten Ostdeutschen zur Hauptstadt Berlin unterscheidet sich bis heute auffällig vom Verhältnis der Westdeutschen zu dieser Stadt.

Mit Siegmar erkundete ich Berlin vom Alex bis zum Postmuseum, von Pankow bis Friedrichshagen und Köpenick. Mit dem Berliner Nahverkehr und in der Umgebung kannte er sich hervorragend aus. Während man in meiner Heimatstadt sagte, man habe »halb Hamburg« nach etwas abgesucht, hieß es in der DDR-Hauptstadt, man sei durch »ganz Berlin« getigert. Dabei war »ganz Berlin« nur das halbe. In den Berlin-Karten der DDR war der Westteil ein weißer Fleck. Ich lernte die schwulen Cafés und Kneipen kennen. Und das Marinehaus am Märkischen Ufer. Das hatte ich ein paar Monate zuvor in einem Spielfilm im DDR-Fernsehen entdeckt. Ich schleppte später immer wieder Familienangehörige, Freunde und Bekannte dorthin. Ich besuche das Restaurant noch heute gern, wenn ich in Berlin bin.

Und nachdem ich damals »ganz Berlin« mit Siegmar erschlossen hatte, machten wir uns ins Umland auf.

Wir besuchten die Stadt Brandenburg – in der das Foto auf dem Cover entstand –, Potsdam, Marxwalde (das heute Neuhardenberg heißt), Seelow im Oderbruch und Oranienburg mit der KZ-Gedenkstätte Sachsenhausen. In Birkenwerder sah ich die Clara-Zetkin-Gedenkstätte nur von weitem im Morgennebel. Wir waren schrecklich früh in Schildow zu einer Umrundung Westberlins mit der Bahn gestartet.

Ein anderer Ausflug im Mai 1983 brachte uns an den Rand der Erschöpfung. Wir wanderten von Buckow in der Märkischen Schweiz nach Marxwalde, es war schrecklich heiß und wir hatten nichts zu trinken dabei. Zufällig kam ein Wartburg-Taxi vorbei, das uns einlud und nach Seelow brachte. Wir belohnten uns mit einem großen Stück Torte und zwei Kännchen »Kaffee komplett«. Am Abend brachte uns ein Überlandbus nach Berlin zu einem S-Bahnhof. Ein schöner Tag.

Seelow war an diesem heißen Sonntag wie ausgestorben, kaum jemand war auf der Straße unterwegs. Erst sehr viel später sollte ich erfahren, auf welch »heißem

Stefan Spector zu Besuch in Brandenburg, 1982

Pflaster« wir unterwegs waren. Hier hatten im April 1945 vier Tage lang blutige Kämpfe getobt, mit denen die Schlacht um Berlin begann. Eine Million Rotarmisten rannten gegen die deutschen Verteidigungslinien auf den Seelower Höhen an. An die fünfzigtausend Soldaten verloren ihr Leben. Ein Kunde von mir berichtete davon, er war in Seelow aufgewachsen. Noch in den siebziger Jahren, wenn er mit seinen Freunden durch die Wälder stromerte, fanden sie Knochen und sogenannte »Hundemarken«, jene Erkennungsmarken aus Aluminium, die die Soldaten am Hals trugen. Diese waren in der Mitte gestanzt, sodass der untere Teil abgebrochen werden konnte, wenn der Soldat »gefallen« war, um der Familie Mitteilung zu machen. Der obere Teil wurde mit den Gebeinen bestattet. Die Marken, die die Jungs fanden, waren noch ganz, d. h. niemand hatte diese Toten gezählt und bestattet.

Die Division meines Großvaters hat in dieser sinnlosen Abwehrschlacht gekämpft. Sinnlos in zweifacher Hinsicht – der Krieg, von Deutschland ausgegangen, war vom ersten Tag an ein Verbrechen, und er war schon lange vor dieser Schlächterei verloren. Am 19. April erfolgte der Durchbruch, danach gab es keine Ostfront mehr. Sechs Tage später war Berlin von der Roten Armee eingeschlossen, zwei Wochen später endete der Krieg in Europa …

Opas Division, er eingeschlossen, schlug sich bis zur Elbe durch und ergab sich den Amerikanern. Beim Kartoffelschälen in der Hamburger Küche erwähnte er mitunter beiläufig, dass sie in den Kriegsgefangenenlagern auf den Rheinwiesen Kartoffeln gegrillt hätten.

Das »Besucherbüro« –
mein Tor zur Welt

Meine erste eigene Mietwohnung lag im Wedding, wo die KPD bei der letzten Reichstagswahl über 39 Prozent bekommen hatte. Das Quartier war keine Wohnung, sondern nach dem Westberliner Wohnungsbaugesetz ein »Atelier«, weil auf den achtzehn Quadratmetern (abzüglich der zwei Quadratmeter fürs Innenklo) kein Herd und keine Heizung existierten. Die Mansarde befand sich in der 5. Etage in der Böttgerstraße 18. Ich heizte mit einem Ölradiator. Das war zwar teuer, aber bequemer: Ich musste keine Kohlen durchs Haus tragen. Die Tür zum Treppenhaus war nicht besonders dicht, aber weil die anderen Wohnungen zentralbeheizt wurden, war das Treppenhaus nie sehr kalt. Die Miete betrug erst 118, später 131 DM im Monat.

Es gab fließend Kaltwasser aus einem Hahn, Wasser zum Waschen musste ich im Topf auf einer Kochplatte erwärmen. Freunde rieten mir, zum Duschen in die Apollo-Sauna unweit des Bahnhofs Zoo zu gehen: Wenn man unter 21 war (und seinen Ausweis vorzeigte), kam man nämlich bis 22 Uhr umsonst rein. Das war eine »schwule« Sauna, deren Betreiber vor allem auf eine Klientel zielte, die gern ihren Trieb mit häufig wechselnden Bekanntschaften befriedigte. Ich ging meist nach der Uni hin, wenn ich ein Seminar bis 18 Uhr hatte, duschte ausführlich und ohne Bedrängnis und sah anschließend im *ZDF* die heute-Nachrichten. In Farbe. Zu Hause hatte ich nur einen kleinen Schwarz-weiß-Fernseher.

Wenn ich vor zwanzig Uhr abdampfte, bat man mich zu bleiben, denn »die Anderen« kämen erst später. Aber die interessierten mich nicht: Ich wollte ja nur billig duschen.

Nach einem Winter zog ich aus der Böttgerstraße aus – das Dach war undicht. Meine fristlose Kündigung war anstandslos akzeptiert worden.

Allerdings waren auch die Wohnungen von der ersten bis in die dritte Etage feucht. Von unten.

Die nunmehr verlassene Wohnung in der Böttger-straße lag auf halber Strecke zwischen den S-Bahnhöfen Gesundbrunnen und Humboldthain. Im Humboldthain hatte mal eine Tante von Siegmar gewohnt, die er bis zum 13. August 1961 besuchte, wie er mir mal erzählte. Danach war Schluss. In den zwanzig Jahren seither hatten die Tante das Zeitliche gesegnet und die Berliner sich an die Mauer gewöhnt. Siegmar konnte sich nicht einmal an ihre Adresse erinnern.

Der S-Bahnhof Gesundbrunnen war ein beacht-liches Gebäude und sah aus wie der Bahnhof in der Schönhauser Allee, ich fühlte mich immer ein bisschen wie drüben, wenn ich ihn betrat. Meist aber bestieg ich die Bahn, wenn ich zur Uni wollte, am S-Bahnhof Humboldthain. Dort saß am Schalter, wo man seine Monatskarte vorweisen musste, eine Bahnbedienstete, die aussah wie Trude Herr und auch so voluminös war wie diese. Sie speiste jeden Tag um 9.15 Uhr, wenn ich am Schalter vorbeihuschte, ein Stück Torte.

Briefkästen gab es in unserem Haus übrigens keine. Die Postzusteller steckten die Briefe durch einen Schlitz in der Tür. Sie stiegen hinauf bis in die fünfte Etage, wenn mal Post für Stefan Spector dabei war.

Ich fand eine neue Bleibe am Hafenplatz im westlichen Kreuzberg, unweit des Landwehrkanals und nur wenige hundert Meter zur DDR-Grenze am Potsdamer Platz.

Mancher wird sich fragen, wie man damals in die DDR gelangte. Das war wirklich sehr einfach, wenn man sich an die Spielregeln hielt. Hinter dem Bahnhof Zoo, in der Jebensstraße, unweit der Bahnhofsmission mit den Obdachlosen, befand sich das größte von mehreren »Büros für Besuchs- und Reiseangelegenheiten« in Westberlin, die gemeinsam vom Westberliner Senat und dem Ministerium des Innern der DDR betrieben wurden. Diese Einrichtungen waren in den frühen siebziger Jahren im Rahmen des Viermächte-Abkommens installiert worden.

Wenn man hineinging, kam man zunächst in den Bereich, in dem der Senat Hausherr war. Dort bekam man die notwendigen Formulare, und es gab Tische, wo man seinen »Antrag auf Einreise in die DDR« ausfüllen konnte. Eine nette Dame am Empfang war behilflich, wenn man damit nicht klarkam. Bevor man durch die »Schleuse« – eine Tür – schritt, prüfte eine Kollegin, ob die Antragsformulare korrekt ausgefüllt worden waren. Westberlin besaß hier nur weibliches Personal, und es trug zur entspannten Stimmung bei, die in diesem Raum herrschte. Sie waren immer nett, höflich und sehr hilfsbereit. Ein Großteil der Antragsteller aus Westberlin waren schließlich Rentner, und mancher hatte Schwierigkeiten.

Im DDR-Bereich arbeiteten ausschließlich Herren, sie trugen mittelbraune Dienstanzüge. Sie blickten sachlich und geschäftsmäßig, also ziemlich ernst. Nun musste ich nur noch den Satz aufsagen, den mir die Dame auf der Westberliner Seite gesagt hatte: »Ich möchte bitte einen Mehrfachberechtigungsschein.«

Der Genosse von drüben vermerkte das. Zwei, drei Tage danach sprach man wieder vor und erhielt einen Schein, auf dessen Rückseite acht Felder waren, in die später die Daten für weitere »Reisen« in die DDR eingetragen wurden. Das war praktisch: So lange man »offene« Felder hatte, konnte man ins Besucherbüro gehen, sich mit ausgefülltem Antrag das neue Datum vermerken und abstempeln lassen. Nur ein Besuch im Büro – und dann konnte man die Grenze passieren.

Das mag heute unglaublich bürokratisch erscheinen. Aber in Anbetracht der Tatsache, dass es sich hier nicht um eine innerdeutsche oder innerstädtische Grenze handelte, sondern dass man die Frontlinie zwischen zwei Militärbündnissen im Kalten Krieg überschritt, war dies sehr beachtlich entspannt und friedlich. Man denke nur an die Grenzverhältnisse zwischen den USA und Mexiko. Oder zwischen Israel und dem Gaza-Streifen. Oder Nord- und Südkorea.

Ich entwickelte rasch Routine. Am Freitag hatte ich oft Lehrveranstaltungen nur bis 12 oder 14 Uhr. Danach aß ich in der Mensa, anschließend holte ich mir in der Jebensstraße den Stempel – und ab ging's Richtung Berlin Ost.

Praktisch war insbesondere, dass man als West-berliner schon um Mitternacht einreisen und bis zwei Uhr am folgenden Tag in der DDR bleiben konnte. Das diente wohl vor allem der Entzerrung von Stoßzeiten. Wenn man nämlich mit einem Reisepass aus der BRD (oder einem anderen Land der Welt) am Grenzübergang Friedrichstraße ankam, war die Einreise erst ab 7 Uhr

möglich, und man musste bis 24 Uhr wieder zurück-
kehren. Zudem musste man als Westberliner keine
fünf D-Mark für das Visum bezahlen, mit dem man
sich als Westdeutscher nur in Berlin aufhalten durfte.
Auf dem Visum für Westdeutsche und Ausländer war
auf der Rückseite der Teil des Liniennetzes der Berliner
S-Bahn abgedruckt, der zu benutzen erlaubt war. Der
Flughafen Berlin-Schönefeld war nicht dabei, der lag
schon jenseits der Stadtgrenze. Aber wenn man, wie
ich, als Westberliner »Schildow, Kreis Oranienburg« als
Reiseziel auf das Antragsformular schrieb, bekam man
ein Visum für die gesamte DDR. Das war vor allem
praktisch für Ausflüge jeglicher Art.

In den zwölf Monaten, in denen ich mit Siegmar
zusammen war, reiste ich natürlich fast immer um
Mitternacht in die DDR ein. Der 101er Nachtbus Richtung Glienicke fuhr immer kurz nach halb eins über
die Schönhauser Allee und Pankow direkt bis nach
Schildow. Also war es vor allem wichtig, pünktlich zu
sein. Das war nicht so schwer, denn die S-Bahn vom
Gesundbrunnen und später vom Anhalter Bahnhof fuhr
ja alle 20 Minuten.

Interessant war die Gemeinde von regelmäßigen
Mitternachts-Einreisern, die sich ein paar Minuten vor
null Uhr vor dem Grenzübergang versammelte. Am
Wochenende waren das zwischen 30 und 50 Männer.
Viele erkannte man mit der Zeit und nickte sich zur
Begrüßung zu. Ich habe noch nirgends Lebensgeschich-
ten von »Mitternachts-Einreisern« gefunden, über ihre
Schicksale und »Reisegründe«.

Besonders auffällig war mir immer ein Mitreisen-
der, der deutlich älter war als ich: Er trug eine dunkle
Hornbrille mit breitem Rand, und wenn es kälter war,
einen braunen Quelle-Nerz (so sagte man damals zu

Am Brunnen auf dem Alexanderplatz mit einem Freund, 1983

Kunstpelz oder »veganen« Pelzmänteln). Ich war zwar nur ein Jahr Mitglied dieser illustren Gesellschaft, aber sein Gesicht hatte sich mir so eingeprägt, dass ich ihn Jahre später, als ich ihn in der S-Bahn nach Marzahn traf, grüßte. Und er grüßte zurück.

Ich war allein unterwegs, er mit einer Frau und einem Jungen, der noch zur Schule ging. Sie stiegen an der nächsten Haltestelle aus. Ich ärgere mich noch heute, dass ich ihn nicht angesprochen habe. Manchmal ist meine hanseatische Erziehung, in der Diskretion eine Tugend ist, wirklich ein Ärgernis.

Einmal traf ich auf einen Westdeutschen, der sich irrtümlich um Mitternacht am Grenzübergang eingefunden hatte. Er durfte – im Unterschied zu uns – bekanntlich erst um 7 Uhr einreisen, hatte aber offenkundig seine Liebste bereits an die Grenzübergangsstelle beordert. Er zeigte mir ein Foto, auf dem er mit seiner Silke zu sehen war, und bat mich, sie drüben zu grüßen und sie ins Bett zu schicken. Er käme erst am Morgen.

Ich hatte keine Mühe, Silke zu finden. Sie war die einzige Frau auf dem Platze, denn die anderen hatten bereits ihre Männer in die Arme geschlossen und waren davongeeilt oder -gefahren. Silke lachte beruhigt und verabschiedete sich.

Als Westberliner durfte man nur dreißig Tage im Jahr in die DDR. Auf den Anträgen auf Einreise war zu vermerken, wie viele Tage man im laufenden Kalenderjahr in der DDR bereits verbracht hatte. Das störte mich 1982 nicht, denn so viele Wochenenden hielt das Jahr nicht mehr vor. Eng wurde es jedoch im darauf folgenden Jahr, denn 1983 hatte bekanntlich 52 Wochenenden. An Tagen, an denen ich mit Besuchern aus Westdeutschland nach Berlin fuhr, nutzte ich deswegen meinen in Hamburg ausgestellten Reisepass, auch wenn dann fünf D-Mark für das Visum fällig wurden. Manchmal fuhr ich damit bis nach Schildow, obwohl mein Visum lediglich für Berlin galt, und lief wie gewohnt an der Kaserne der Grenztruppen vorbei. Nahe der Bushaltestelle am Schildower Dorfkonsum stand zwar öfter ein Wartburg der Volkspolizei, dessen Besatzung Autos mit Westberliner oder BRD-Kennzeichen kontrollierte, die über die Berliner Stadtgrenze gefahren waren, aber Fußgänger und Fahrgäste des 7er Busses von Pankow nach Glienicke kontrollierten sie nie.

Seit Frühjahr 1983 – und das funktionierte bis 1989 – ließ ich ungefähr jeden zweiten Besuchstag unter den

Tisch fallen. Ich machte einfach falsche Angaben auf dem Antragsformular. Anfänglich als Test, ob sie es merkten, um mich in einem solchen Falle herauszureden, ich habe mich wohl geirrt. Niemand merkte es. Wobei ich mir ziemlich sicher war, das die Genossen 1 und 1 zusammenzählen konnten – ich war so gut wie jede Woche im Büro in der Jebensstraße. Sie schauten offenkundig durch die Finger.

Im späten Frühjahr 1983 zog ich nach »Kreuzberg 61«, also an eine etwas bessere Adresse: Hafenplatz 6, App. 507. Es war ein stufenförmiges Hochhaus, und vom zentralen Bereich mit den Aufzügen gingen drei lange Gänge ab, jeweils durch eine Feuertür halbiert. Dahinter gab es noch ein separates Treppenhaus. Besonders angenehm war das Treppenhaus neben den Fahrstühlen: Es hatte auf jeder Etage einen Balkon, von dem aus man unter anderem das Silvesterfeuerwerk in Berlin und Westberlin verfolgen konnte. Die »Hauptstadt« und die »Frontstadt« knallten jedes Jahr um die Wette und schossen für Millionen Ost- und Westmark Raketen in den ungeteilten Himmel …

Ich genoss den Luxus meiner Sozialwohnung: 37 Quadratmeter mit Toilette und Dusche, einer einfachen, aber zweckmäßigen Einbauküche und mit Zentralheizung. Der Luxus pur kostete zwar 384 DM im Monat, aber die Bude war jeden Kupferpfennig wert. Wobei die Lage nicht sehr ruhig war, denn man sah auf die großen, dreispurigen Straßen am Landwehrkanal. Aber das störte mich nicht allzu sehr, denn ich hatte ja schon in Hamburg an einer lebhaften Straße gewohnt. Der Boden war mit 50×50 cm großen grünen Teppichplatten belegt, was sich als sehr praktisch erwies: Man konnte sie nämlich einzeln herausnehmen und säubern.

In der Duschwanne nahm ich die erste Grundreinigung vor: Man konnte jeweils vier Teppichplatten mit einem Becher Waschpulver und Warmwasser, mit der Hand kräftig reibend, reinigen, und am nächsten Tag waren sie trocken, wenn man sie am Rand der Duschwanne aufrecht ablaufen und trocknen ließ. Weil alle gleich groß waren, konnte man sie beliebig einsetzen, und ich hatte nur für ein paar Wochen immer ein Loch unter dem Schreibtisch, wo das graue Linoleum hervorlugte.

Mein Ikea-Regal aus Hamburg wurde zum Raumteiler. Die beiden Kleiderschränke vom gleichen Hersteller sollten erst an einem nebligen Novembertag auf dem Dach von Ottos orangefarbenem Käfer geliefert werden. Die Schränke habe ich noch heute.

Bis Ende 1984 befanden sich meine Klamotten in Reisetaschen, ich »lebte« aus dem Koffer.

Jede Woche »Urlaub vom Westen« in der DDR

Ist es asozial und reaktionär, wenn ich die Abwesenheit von Armut und Obdachlosen als angenehm empfand? Das mit Abstand Entspannendste beim »Urlaub vom Westen«, den ich an den Wochenenden in der DDR genoss, war nämlich, für Stunden nicht mit dem Elend konfrontiert zu werden, das der Kapitalismus produzierte. Wenn ich, auf dem Weg zur oder von der Uni, den Bahnhof Zoo verließ, traf ich nahezu auf Heerscharen von Junkies, Obdachlosen, Drogendealern, Säufern, Obdachlosen, Prostituierten, Babystrichern, Bettlern – all jenen traurigen Gestalten, die von der bürgerlichen Gesellschaft ausgeschieden worden waren. Sie waren objektiv Opfer dieser im Wesen grausamen Ordnung, in der wir lebten, selbst wenn dieser oder jene subjektiv nicht unbeteiligt an seinem oder ihrem Absturz war.

Was für ein Unterschied, wenn ich aus dem Bahnhof Friedrichstraße heraustrat: eine andere Welt.

Ich studierte an einer Universität mit 20 000 Studenten, unser Fachbereich hingegen war ausgesprochen überschaubar. Eingeschrieben waren ca. 200 Anglistik- und 80 Romanistik-Studenten, man kannte sich und konnte, wenn man wollte, sehr gut und sehr intensiv studieren. Das Beste an dem TU-Hochhaus am Ernst-Reuter-Platz, wo ich die meisten Seminare besuchte, war die Cafeteria im 20. Stock mit dem faszinierenden Ausblick auf Berlin. Man sah die »Goldelse« im Tiergarten, das Brandenburger Tor, das Rote Rathaus und, bei schönem Wetter, auch die Hochhäuser in Friedrichshain. Und der Fernsehturm überragte alles. Dieser tägliche Ausblick nährte die Vorfreude auf mein Berlin am Wochenende.

Ich engagierte mich im Schwulenreferat des Allgemeinen Studentenausschusses (AStA) der TU Berlin, zum anderen auch als Kaffeekocher und Kuchenbäcker für das dreimal in der Woche stattfindende »Schwule Café« in der AStA-Villa. Und ich gehörte zu der Minderheit der Studenten, die sich den Luxus einer Monatskarte für die Westberliner S-Bahn leisteten. Wir seien nur ein gutes Dutzend, sagte mir mal eine Dame von der Verwaltung der TU, als ich mir im Hauptgebäude meine Papiere der S-Bahn abstempeln ließ. Die meisten Westberliner ignorierten und/oder mieden die S-Bahn aus politischen Gründen. Auf Beschluss des Alliierten Kontrollrats war im August 1945 der gesamte Eisenbahnverkehr in Deutschland einschließlich des Berliner S-Bahnverkehrs der Deutschen Reichsbahn übertragen worden. Die vom Westen betriebene Spaltung führte zwar zur Gründung der BRD und der Deutschen Bundesbahn, aber die S-Bahn in Berlin wurde unverändert von der Reichsbahn mit Sitz im Osten betrieben. Deshalb wurden im Kalten Krieg immer wieder politische Angriffe auf sie geführt – von Streiks bis Sabotage war alles dabei. Im Mai 1949 legte erstmals eine Unabhängige Gewerkschaftsopposition (UGO) den S-Bahnverkehr in Westberlin lahm, und der Regierende Bürgermeister Willy Brandt rief vier Tage nach dem Mauerbau zum Boykott. »Studenten, Gewerkschafter und einfache Bürger wurden mit Schildern ausgerüstet, auf denen beispielsweise ›Kein Pfennig mehr für Ulbricht‹ oder ›Jeder West-Berliner S-Bahn-Fahrer bezahlt den Stacheldraht‹ stand, und übten so Druck auf die S-Bahn-Fahrgäste aus«, urteilen heute seriöse Quellen. Es wurden forciert neue U-Bahnlinien gebaut, um die S-Bahn unattraktiv zu machen: Man legte die Bahnhöfe bewusst so, dass es keine günstigen Anschlüsse und Umsteigemöglichkeiten zur S-Bahn gab, etwa am Bahnhof Steglitz. Besonders widersinnig war der Bau der fast 32 Kilometer langen U-Bahnlinie 7 von Spandau nach Rudow, die auf längeren Streckenabschnitten parallel zur Ringbahn verlief. Die DDR bemühte sich jahrelang, die S-Bahn loszuwerden: Sie war defizitär und immer wieder Gegenstand politischer Scharmützel. 1983 erteilten die vier Besatzungsmächte endlich ihre Zustimmung, dass die Deutsche Reichsbahn (DDR) die Betriebsrechte der S-Bahn an die Westberliner Verkehrsbetriebe (BVG) übergeben durfte. Ab 1984 führten die BVG und damit der Senat von Berlin (West) Regie.

Ich nutzte also die S-Bahn, die seit über zwanzig Jahren regierungsoffiziell boykottiert wurde. Und daher gehörte ich mit meiner Monatskarte an der TU zu einer verschwindenden Minderheit. Für mich hatte sie praktischen Nutzen: Ich wohnte immer an der S-Bahn, mein späterer Lebensabschnittsgefährte Otto wohnte an der S-Bahn, und ich kam einfach nach Berlin, das heißt, in die Hauptstadt der DDR. Bis zur Übernahme durch die Westberliner BVG bot die S-Bahn einen Luxus, den ich schon aus Hamburg kannte: Es gab Raucherabteile, die ich gemütlich und genüsslich mit KARO einnebeln konnte. Die Bahn verkehrte stets mit vier Wagen, einer in der Mitte war für Raucher. Ich musste in der Mitte des Bahnsteigs warten, um ihn zu erwischen.

Im Dezember 1982 machte das Schwulenreferat der TU einen gemeinsamen Ausflug: Ein Kommilitone wollte uns zeigen, wo er im Prenzlauer Berg gern Kaffee trank. Michael verkaufte uns das »Café Ecke Schönhauser« am U-Bahnhof Dimitroffstraße als seine große Entdeckung. Ich konnte nur müde abwinken: Diesen Schwulentreff kannte ich schon lange. Es sollte später mein zweites Zuhause werden. Das »Schönhauser« war ein sehr schönes Café im Stil der späten siebziger Jahre. Graubrauner Teppichboden, runde Vierer-Tische mit weißen Tischdecken und kleinen Blumenvasen, damals als modern geltende Metallgestell-Stühle mit dezent rot gestreiftem Muster, dazu nicht minder dezente orangefarbene Tapeten. Nach dem Betreten kam man an einer üppigen, von mir nur selten frequentierten Kuchentheke vorbei. Auf der breiten Fensterbank lag immer die kommunistische Presse halb Europas aus – das gehörte sich damals so für schwule Kaffeehäuser von Rang. Ich traf dort auch auf den einen oder die andere Mitstudent/in, denn außer den einschlägigen Bibliotheken gab es in Berlin nur wenige Orte, wo man entspannt bei einem Glas Tee für 20 Pfennig eine derart große Auswahl an Zeitungen lesen und dabei eine Zigarette rauchen konnte. Die Slawisten studierten die Правда *(Prawda)* aus Moskau und die Работническо дело *(Rabotnischesko Delo)* aus Sofia, die Anglisten den *Morning Star*, die Romanisten die *Humanité*, die *L'Unità* oder die kubanische *Granma*. Ich las am liebsten den britischen *Morning Star* und die französische *Humanité*, mein Spanisch war damals noch nicht so gut.

Einmal saß ich am frühen Nachmittag im fast leeren Café, als es draußen wie aus Gießkannen zu regnen begann. Zwei Kindergärtnerinnen mit zwanzig Zwergen stürzten herein und baten um Asyl. Nach kurzer

Verhandlung verwandelte sich das Kaffeehaus in einen Kindergarten. Die offenkundig wohlerzogenen Jungen und Mädchen saßen brav an den Tischen und bekamen Pfefferminz- oder Hagebuttentee. Die dicke Gitti und Brigitte, so hießen die beiden Servier-Damen, hatten ein weites ostdeutsches Herz. Rita, die Klofrau, ließ die Kleinen gratis auf Toilette. An diesen Tag erinnerte sie sich noch nach Jahren, als ich sie einmal in ihrer netten Wohnung in Weißensee besuchte.

Ich hab in meinem Leben gewiss manches in schwulen Kneipen und Cafés gesehen, aber so etwas nie wieder.

Einiges habe ich 1987 veröffentlicht. »Willkommen im schwulen Berlin« hatte ich den kleinen Reiseführer getitelt, denn neben Prag war Berlin eine der Hochburgen für Homosexuelle in Europa. Er begann so: »Ob Sie aus Łodz, Wladiwostok oder Westberlin anreisen: Sie nehmen immer die S-Bahn zum Alexanderplatz, dann die U-Bahn in Richtung Pankow. Aber halt! Wenn Sie schon am Vormittag angereist sind, bleiben Sie erst am Alexanderplatz, kaufen ein paar Mitbringsel für Ihre Lieben in der Markthalle oder im Centrum-Warenhaus, und entspannen sich erst einmal in der ›Mocca-Bar‹ (HO, Preisstufe 4) unter den Gleisen, wo Sie stilvoll mit Kaffeespezialitäten und Likören bewirtet werden. Der schwule Volksmund nennt die kleine Gaststätte nur ›Besenkammer‹. Für Freunde des rustikaleren Umgangs empfehlen wir die ›City-Klause‹ (Konsum, Preisstufe 3) nördlich des S-Bahnhofs Friedrichstraße, wo bei Bier und sowjetischem Weinbrand schon so mancher Westberliner seine große Liebe fand ...

Einen Nachmittag im ›Café Ecke Schönhauser‹ (HO, Preisstufe 3, U-Bahnhof Dimitroffstraße), Kastanienallee 2, sollten Sie nicht verpassen. Bei Kaffee, Wein und Likör lässt es sich amüsant plaudern. Auch liegt internationale Presse aus: Von der *Humanité* bis zur *Granma* bekommt der internationale Gast immer das, was er lesen mag. Und wenn mal Holländer mit dem Ausruf ›Kijk, een kommunisten-krant‹ verwundert sind, linke Zeitungen auf dem Prenzlauer Berg zu finden, werden Sie sicher ein angeregtes Gespräch beginnen …

Wenn Sie es am Abend eher Berlinisch mögen, sollten Sie nach einem Spaziergang über die bunte Schönhauser Allee Richtung Norden im ›Burgfrieden‹ in der Wichertstraße einkehren. Sie bestellen ein Bier für 51 Pfennig (Preisstufe 3), und immer, wenn der Kellner rumkommt, finden Sie ein frisch gezapftes Bier und einen neuen Strich auf Ihrem Bierfilz vor. Es gibt dort nur kleine rustikale Speisen.

Falls Sie ein stilvolles Ambiente bevorzugen, besuchen Sie ab 19 Uhr das ›Café am Senefelderplatz‹ (Konsum, Preisstufe 4) – dort gibt es neben einer erlesenen Auswahl an Weinen auch ein feines Abendessen. Zögern Sie also nicht, erst ein Berliner Würzfleisch, danach ein Steak mit Speckbohnen und am Ende ein Halbgefrorenes mit Kirschen zu bestellen.

Und wenn Sie jetzt noch nicht den Herzbuben für den Abend gefunden haben, kehren Sie zum U-Bahnhof Dimitroffstraße zurück. Dort wartet auf Sie entweder die ›Schoppenstube‹ oder die Straßenbahnlinie 70, um Sie zur schwulen Disko in der ›Buschallee‹ zu bringen – achten Sie aber auf den Wochentag! Das schwule Tanzvergnügen dort, eigentlich in einer Schulkantine, gibt's nur drei Mal in der Woche …

Unsere schwulenfreundliche Hauptstadt der DDR freut sich auf Sie!«

Ich könnte auch noch scherzhaft die Kneipe »Dorfaue« in Schildow hinzufügen. Eine gemütliche Räucherhöhle, in der Schnaps und Bier flossen. Für mich gab es zu Anfang meist nur Pfefferminzlikör zum Bier. Kneipenwirtin Karin hatte sich beim Einkauf stark auf »weiße« und »braune« Alkoholika spezialisiert, von Korn und Wodka bis zum teuren sowjetischen Weinbrand, aber vernachlässigte die »Bunten«. Als sie mir ihren letzten halben »Pfeffi« gratis servierte, fragte sie immerhin, was ich nun gerne hätte. Danach durfte ich den einen oder anderen Kirsch-Whisky genießen. Ansonsten sei noch erwähnt, sie kam sehr souverän mit ihren Gästen klar, die ihrerseits nicht mehr ganz klar im Kopf waren.

Die »Dorfaue« war bei Arbeitern beliebt, die beim Umsteigen vom 7er Bus auf ihre Busse ins weitere Umland von Berlin warteten. In der DDR fuhren nicht alle mit dem Auto zur Arbeit – selbst wenn sie eins besaßen. Der öffentliche Nah- und Überlandverkehr war gut ausgebaut und zudem preiswert, weil subventioniert. Davon kann man heute nur noch träumen.

Nahm man daran Anstoß, dass Siegmar und ich schwul waren? Eher nicht. Und falls doch mal, dann erhob sich Lutz: Der Zweimeter-Mann baute sich mit seinem muskulösen Körper auf und fragte: »Hast du ein Problem damit, dass die beiden sich mögen?« Lutz war Sportler und Genosse. Das ließ den Spießer verstummen.

Auf diese Weise lernte ich das Leben und den Alltag in Berlin kennen. Sogar den Frisör suchte ich lieber in der DDR auf. In der Zeit, in der ich in Westberlin studierte, war ich dort kein einziges Mal beim »Coiffeur«.

Auch die Nachbarn von Siegmar waren schwer in Ordnung. Inge zauberte gerne leckere Abendessen, und die Gartenfeste waren immer nett. Sie war eine Zeitlang meine treueste »Abonnentin« für das Fernsehprogramm, das jeden Freitag der Westberliner *Wahrheit*, der Tageszeitung der SEW, beigelegt war. Sie revanchierte sich mit

Marmelade. Inge wusste, womit man einem Westberliner Studenten eine Freude machte.

Ihre Familie wohnte im Erdgeschoss eines kleinen Hauses mit Garten. Ich ging gern die lange Straße von der Bushaltestelle bis zu Siegmars und Inges Anwesen. Sie war mit Kopfstein gepflastert und nach dem von den Nazis ermordeten Antifaschisten Franz Schmidt benannt (die Straße und die Schule heißen noch immer so). Der Bürgersteig war nur streckenweise gepflastert, und es roch immer nach Natur, zu jeder Jahreszeit anders. Ich ging vorbei an der Kaserne der Grenzkompanie, ohne in Ohnmacht zu fallen, und freute mich auf jede Begegnung mit Inge, Siegmar und den anderen. Ich fühlte mich dort wohl, weil ich kein exotischer Gast, sondern einer von ihnen war.

Dann hatte Inges jüngste Tochter Jugendweihe. Dazu rollte auch die Verwandtschaft aus Duisburg mit einem grünen Golf an. Normalerweise warnte mich Inge vor ungewöhnlichen Ereignissen, aber diesmal hatte sie es wohl vergessen und zischte mir nur ins Ohr: »Stefan, wunder dir über jar nix und halt die Schnauze!«

Als der Tisch gedeckt war, wusste ich, was sie meinte. Mit der gängigen Klage »Jab ma wieda janüscht« (ihr Standardsatz, wenn sie mit schweren Einkaufsbeuteln vom Konsum kam) hatte sie ihre Schwester dazu gebracht, sämtliche Lebensmittel für das Fest-Wochenende in Berlin im Intershop einzukaufen. Das war zwar eine clevere Idee, denn so wurde die Feier sehr billig, zumal Inge der Westverwandtschaft auch noch den angeblich völlig wertlosen Mindestumtausch abschwatzte. Aber vieles war leider ungenießbar. Statt des leckeren Brotes aus der Dorfbäckerei gab es Tütenbrot von Lieken Urkorn, gereicht wurden die geschmacklosen hauchdünnen Wurstscheiben aus verschweißten Plastikpackungen,

Grenzübergang in
Berlins Mitte am
Bahnhof Friedrich-
straße

Champignon Camembert und junger Gouda, letzterer
auch eine Beleidigung der Geschmacksnerven. Wir aßen
auch keine selbstgemachten Salate auf Brot, sondern
Fleischsalat aus der Packung.

Auch wenn man gemeinhin einem geschenkten Gaul
nicht ins Maul schauen sollte, regte sich nach und nach
doch Widerspruch. »Kriegt ihr im Westen nur so dünne
Wurstscheiben?« und: »Ach Gott, kommt der Holland-
Käse aus der Chemiefabrik?«

Um Mitternacht trollte ich mich zum 7er Bus, mit
der 46 ging's zur Friedrichstraße, ich machte »Kreis-
verkehr« (also ausreisen und gleich wieder einreisen,
was einfacher als ein Zweitagesvisum war), und fuhr
mit dem 101er Nachtbus zurück, denn die eigentliche
Jugendweihe folgte erst am nächsten Tag.

Am Morgen gab es Frühstück mit dem dünnsten Kaffee, den ich je in Deutschland getrunken habe: Inge wollte das Mitleid der Westverwandtschaft mit allen Mitteln provozieren. Sonst stand bei der Handwerkerfamilie der Löffel in der Tasse, weil der Kaffee so stark war. Zur Plörre wurde statt frischer Milch aus dem Dorfkonsum westdeutsche H-Milch mit leicht säuerlichem Stich gereicht. Dazu Tütenbrot, Plastikbelag und Schwartau Extra. Eier gab es gerade keine in der DDR und wohl auch nicht im Intershop ...

Die Krönung war die Fahrt mit dem ein wenig in die Jahre gekommenen Golf. Der Jugendweihling hoppelte übers Kopfsteinpflaster, und schwungvoll fuhr der Westwagen vor die Weihestätte. Der Familienwartburg bollerte hinterdrein, während ich in den schwarzen Uralt-Wolga von Inges Bruder stieg. Diese Fahrt werden Siegmar und ich nie vergessen, wir schwebten wie in einer Sänfte übers Kopfsteinpflaster.

Am Abend fuhr ich mit Siegmar nach Berlin, um ordentlich zu essen. Noch mehr westdeutsches Junk-Food aus dem Intershop hätten wir nicht vertragen. Die kleine, aber feine Küche in meiner Lieblingskneipe am Senefelderplatz und Erlauer Stierblut bestätigten unsere Überzeugung, dass es auf der Welt auch Anständiges zu beißen gab.

Kandidat auf der
»Schwulen Liste«
fürs Studentenparlament

1983 standen Wahlen zum TU-Studentenparlament an. Wir hatten eine »Schwule Liste« angekündigt, doch vergessen, diese auch aufzustellen. Erst als uns eine vom AStA an die Abgabe erinnerte, wurde es uns wieder bewusst. Wir brauchten mindestens drei Kandidaten und zehn Unterschriften, das heißt neben den Bewerbern noch sieben Unterstützer. Die Aufforderung zur Abgabe der »Schwulen Liste« erreichte uns in der AStA-Villa, in der wir gerade zu dritt hockten. Also drei Kandidaten hatten wir schon mal – aber woher die Unterstützer nehmen?

Am Samstag fehlten noch immer zwei Unterschriften. Ich ging ins SchwuZ, das schwule Kultur- und Kommunikationszentrum in der Kulmer Straße, und fand dort zwei TU-Studenten, die unterschrieben. Morgens um 4 Uhr bin ich mit der Liste in den 19er Nachtbus gestiegen und hab diese Jürgen, einem schwäbischen Frühaufsteher, der auf sagenhaften acht Quadratmetern plus Bad in einem Studentenwohnheim in der Keithstraße am Wittenbergplatz wohnte, in den Briefkasten geworfen.

So geriet mein Name auf etwa 20 000 Stimmzettel, aber nur die ersten beiden Bewerber auf der »Schwulen Liste« kamen ins Studentenparlament. Ich war der Dritte auf der Liste und schaffte es nicht. Darüber war ich nicht traurig.

Allerdings hatte die Liste auch Folgen. Ein Anglistik-Professor legte mir in der Cafeteria die Hand auf die Schulter und sagte tadelnd: »Stefan, so was sollten Sie nicht machen, so kriegen Sie nie einen Job als Lehrer.« Ich meinte, fast väterliche Sorge herausgehört zu haben – ein Ton, der in diesem Hause recht ungewöhnlich war. Auf der anderen Seite machte es das gesellschaftliche Klima deutlich.

»Oh«, entgegnete ich, »in so einem Land möchte ich nicht leben ...«

Ich besuchte nicht nur seine Seminare weiter, sondern schrieb bei ihm auch meine erste Staatsexamensarbeit.

Der 1. Mai 1983 fiel auf einen Sonntag, war also geeignet, um gleich nach Mitternacht einzureisen und später zur Mai-Demo in Berlin zu gehen. Siegmar traf sich dort mit Kolleginnen und Kollegen. Er arbeitete als Buchhalter bei der Staatsbank Unter den Linden – wobei mir schnell klar war, dass er nicht wirklich die Übersicht hatte wie meine Mutter, die Buchhaltungs-Abteilungsleiterin in einer großen Firma war. Damals gab es noch eine Menge Buchhalter, die den ganzen Tag nichts anderes taten, als kleine Papierschnipsel zu stempeln und Zahlen einzubuchen.

Ich wollte unbedingt mal an einer Maidemo teilnehmen, die ich aus dem Fernsehen nur in Schwarzweiß kannte. Die Leute in unserem Block waren in guter Stimmung, wie ich fand, keiner fühlte sich genötigt oder

gezwungen, im Kollektiv die Karl-Marx-Allee hinunter-
zulaufen. Aus den Lautsprechern links und rechts an
den Laternen quollen gelegentlich Hochrufe aus dem
Abschnitt, wo die Tribüne stand, meist aber Arbeiter-
lieder, Ernst Busch war darunter, und hin und wieder
typische Berliner Operetten-Marsch-Schlager im Stil von
Paul Lincke und Walter Kollo: »*Untern Linden, Untern
Linden, gehn spaziern die Mägdelein*« und »*Das ist die
Berliner Luft, Luft, Luft*«. Stückchenweise rückten wir
voran, wir haben geklönt, gescherzt und den sonnigen
Frühlingstag genossen. Ich habe beherzt meinen ziemlich leichten Karl Marx am Stecken vor mir hergetragen,
Siegmar hatte sich Friedrich Engels ergattert. Andere
trugen Fidel, Che oder Georgi Dimitroff, denn letzterer
war ja nicht nur irgendein bulgarischer Kommunist,
sondern hatte nicht zuletzt wegen des Reichstags, den
angezündet zu haben ihn die Nazis beschuldigten, eine
besondere Beziehung zu Berlin.

Zugegeben, im Westen war ich von Demos Kämp-
ferisches gewohnt. Langsam verstand ich, dass man
in der DDR nicht mehr so doll kämpfen musste, um
Lohnerhöhungen oder so etwas. Der Arbeitsplatz ist
der Kampfplatz, hieß die Parole …

Siegmar und ich warfen am Alex wie die anderen
die Demoplakate, nachdem wir sie an der Tribüne mit
Honecker und Genossen vorbeigetragen hatten, auf einen Laster und fuhren mit der U-Bahn nach Pankow. Im
Ratskeller hauten wir uns die Bäuche voll und fanden
die Welt in Ordnung.

In jener Zeit war ich oft auch in der Westberliner *Allgemeinen Homosexuellen Arbeitsgemeinschaft* (AHA)
unterwegs, am liebsten besuchte ich am Sonntagnach-
mittag den »Kaffeeklatsch«. Dort lernte ich auch Otto

Auf dem Tuntenfasching in der AHA im Westberliner Teil der Friedrichstraße, 1985

kennen, mit dem ich im folgenden Jahr nach Varna reiste. Wir waren viel mit Leuten zusammen, die später alle am Hafenplatz wohnten – die manchmal scherzhaft sogenannten »Hafenplätzchen«.

Otto hörte den *Sender Freies Berlin* (SFB), während ich den *Berliner Rundfunk* bevorzugte, den Sender aus dem »richtigen Berlin«, wie eine Bekannte aus Rostock es mal treffend formulierte. Ich einigte mich mit Otto darauf, dass in seiner Wohnung der *SFB* laufen dürfe, bei mir der *Berliner Rundfunk.* Immerhin war Otto auf diese Weise halbwegs auf dem Laufenden: »*Was ist denn heut bei Findigs los?*«

Siegmar erzählte, dass seine »Kulturtante« in der Bank bisweilen Probleme habe, die ihr angebotenen Karten loszuwerden. Vor allem die Kinokarten für Sonntags-Premieren gingen schlecht. Dazu gehörte auch Costa-Gavras' preisgekrönter Spielfilm »Missing« mit Jack Lemmon und Sissy Spacek, in welchem der faschistische Putsch in Chile 1973 verarbeitet worden war. Offenkundig fürchteten die Kollegen, denen die Karten angeboten worden waren, es handelte sich um einen Propaganda-Film zum zehnten Jahrestag der Liquidierung der Allende-Regierung, weshalb viele abwinkten.

So kam ich in den Genuss einer DDR-Premiere eines Hollywood-Films im Kino International an der Karl-Marx-Allee. Ich war der einzige Besucher in Jeans und Lederblouson, wie ich erstaunt in der Pause bemerkte. Die anderen trugen Anzug und Krawatte. Erstaunt war ich auch, dass es überhaupt eine Pause gab. Aber ich hatte ja bisher auch noch keiner Filmpremiere beigewohnt. Angesichts des Dramas auf der Leinwand schien mir der Sekt, an dem genippt wurde, irgendwie despektierlich, aber: geschenkt. Es handelte sich schließlich um Kunst, nicht um eine Trauerfeier. Ich dachte mir damals nur: Soso, euch gehen wohl die Dramen rund um die Welt manchmal nur in Sonntagsreden was an …

Meine erste Begegnung mit den Marx-Engels-Werken fand in der gleichen Zeit statt. Ich hatte ein Referat über das England des 19. Jahrhunderts zu halten, und bei der Vorbereitung studierte ich die *Lage der arbeitenden Klasse in England* von Friedrich Engels, MEW Band 2. Aufgrund der vielen Verweise machte sich auch die Lektüre des Kapitals von Karl Marx erforderlich, ich verschlang die Bände 1 und 3 geradezu. Die komplizierte und leicht antiquierte Sprache war zwar etwas gewöhnungsbedürftig, aber immerhin hatte ich deutsche Literatur zu einem anglistischen Landeskunde-Thema – und das war ausgesprochen praktisch. Interessant fand ich unter anderem, dass man sich im 19. Jahrhundert immer wieder mit »Workhouses« beschäftigte, in denen die Armen mehr oder weniger zu Zwangsarbeit eingesperrt worden waren. Ich hatte das Thema fast schon vergessen, als mich in den späten neunziger Jahren eine Freundin und Arbeitskollegin aus England daran erinnerte: Ihre Oma hatte ihr als kleines Mädchen angedroht, dass sie ins »Arbeitshaus« käme, wenn sie in der Schule nicht fleißig sei.

Dass es später mal verschiedene Varianten von »Zwangsarbeit für Minilohn« geben würde, unter Androhung der Entziehung der Lebensgrundlage, daran mochte in den achtziger Jahren noch niemand denken. Damals waren in Westdeutschland Tarifverträge per Verordnung verbindlich. Und in der DDR hatte sowieso jeder sein Ein- und Auskommen.

Die Beschreibungen des jungen Friedrich Engels wurden zu meiner Lieblings-Lektüre. Dicht am Leben und mit Liebe fürs Detail. Ein Werk, das ich wie packende Zeitungsberichte las. Zwar »keen Krimi mit Maffja und Jängsta« (Zitat Helga Hahnemann), aber ebenso spannend.

In der *Allgemeinen Homosexuellen Arbeitsgemeinschaft* lernte ich Eckhard Seidel kennen, ein Autor des

Blauen Hefts, das damals in Ost und West für Furore sorgte. Er war ein angesehener Artikelschreiber in der schwulen Presse der achtziger Jahre und hatte die Vision, dass eines Tages Schwule und Lesben als gleichberechtigte Menschen in einer von Zwängen befreiten Gesellschaft würden leben können. Das war auch das Thema des Heftes, an dem Autoren aus DKP und SEW gearbeitet hatten. Weder Gesellschaftswissenschaftler im sozialistischen Europa noch die großen kommunistischen Parteien in Frankreich, Italien und Spanien hatten sich dazu geäußert. Vielleicht wollten sie sich nicht mit »alten Genossen« und ihren katholischen Wählern anlegen.

Obwohl das *Blaue Heft* oft zitiert wurde, habe ich es erst Jahre später gelesen. Was ich daraus wusste, hatte ich von Eckhard. Wir haben viel diskutiert, und er schien mir in dieser Hinsicht der einzige Realpolitiker inmitten einer schrillen schwulen Gemeinde zu sein. Er strebte nach einer Welt, wo schwule Männer jenseits von schrägen Tuntentreffs und Eskapaden ein ganz normales Leben würden führen können. Im angeblich so fortschrittlichen, toleranten Westberlin trauten sich damals viele schwule Paare nicht einmal, gemeinsam in eine Wohnung zu ziehen. Man könnte ja in der Firma darüber tuscheln, was der Karriere hinderlich wäre. In den langen Gängen in meinem Hafenplatz interessierte sich kaum jemand für den Nachbarn. Bei Otto, der zur Miete in einer Dachgeschosswohnung in einem Zweifamilienhaus lebte, war die Situation ganz anders. Am sichersten war man in der Anonymität.

Während man noch immer in Dokumentationen über die achtziger Jahre Metropolen wie London, New York oder Westberlin als leuchtende Zentren der Freiheit von Schwulen und Lesben herausstellt, war die Wirklichkeit selbst dort eine andere. In einem solchen Klima sah sich selbst ein Popstar wie Elton John gezwungen, im Februar 1984 eine deutschstämmige Tontechnikerin zu heiraten. Die Scheinehe bestand vier Jahre. 21 Jahre später, am ersten Tag, an dem in Großbritannien homosexuelle Paare eine Eingetragene Lebenspartnerschaft eingehen durften, verpartnerte er sich mit seinem langjährigen Lebensgefährten. Und erst am 21. Dezember 2014 wurde ihre Lebenspartnerschaft in eine normale Ehe umgewandelt.

Die achtziger Jahre waren noch nicht so tolerant wie heute behauptet. Man erzähle mir keine Märchen über die Freiheit der Schwulen im Westen. Man musste schon selbstbewusster sein als Elton John, um so zu leben, wie es heute im Wesentlichen möglich ist. Eckhard Seidel hat es nicht mehr erlebt. Er verstarb viel zu früh an Krebs.

Semesterferien:
Duett und DT64

Mein kleines Radio im Bad trug viele bunte Aufkleber, mit denen ich die Sender markiert hatte. Die roten signalisierten *Berliner Rundfunk, Stimme der DDR* sowie *Radio DDR I* und *II*. Grün waren *SFB* und *RIAS*, weiß der britische Soldatensender *BFBS, AFN* – wegen der Jazz- und Swing-Musik, die Siegmar nicht mochte – und der französische Sender *Radio FFB*, was gut fürs Studium war.

Im Laufe der Zeit wurde der *Berliner Rundfunk* mein Favorit: Die Morgensendungen gefielen mir immer besser, insbesondere *Heut ist wieder Donnerstag, da ist Kalle-Neumann-Tag.*

Vor dem unglaublich vielfältigen Programm von *DT64* von 16 bis 19 Uhr kam von 15 bis 16 Uhr die Sendung *Duett – Musik für den Rekorder*. Für die jüngeren Leser: Damals gab es für Kassettenrekorder C90-Kassetten: Die spielten 45 Minuten in die eine Richtung, nochmal 45 Minuten, wenn man sie umdrehte, daher C90. Die Sendung hatte sich auf dieses Format spezialisiert. Um 15 Uhr kam eine etwas längere Ansage – Texterklärungen zu politischer Musik oder Hintergrundinfos – zu einem etwa 22 Minuten währenden Mitschnitt. Dann kamen

Zu Besuch in Bulgarien, 1982

Nachrichten – beim *Berliner Rundfunk* immer »um halb«. Danach wieder ein bisschen Ansage und 22 Minuten Musik zum Aufnehmen.

Duett – Musik für den Rekorder war eine bemerkenswerte Sendung, wenn man seine leeren Kassetten füllen wollte. Es war allerdings angeraten, vorher einen Blick in die *FF dabei* zu werfen – zum Glück lag die aktuelle Ausgabe der Fernseh- und Radio-Zeitschrift aus der DDR in der Bibliothek im Telefunken-Hochhaus aus. Direkt im Parterre, wo die aktuellen Zeitschriften hinter einer Luke in einem Fach lagen. Manchmal sah die aktuelle Ausgabe ziemlich zerlesen aus.

Wenn man nämlich nicht aufpasste, entstanden Kassetten, wo man auf der einen Seite 22 Minuten Franz-Josef Degenhardt hörte, dann 22 Minuten Modern Talking auf die Ohren bekam, auf der Rückseite liefen Zsuzsa Koncz aus Ungarn oder die Roten Gitarren aus Polen, gefolgt von Bruce Springsteen, was irgendwie nicht zusammenpasste. Aber wenn man gut war, kriegte man mit Geduld schöne Kassetten zusammen. Springsteens Album »Born in the USA« hab ich auf diese Weise zusammenbekommen, wie auch Schlager- und Pop-Kassetten mit vielen DDR-Größen oder der bulgarischen Band Сигнал. The Boss trat übrigens im Sommer 1988 in Berlin-Weißensee auf, dabei stellte Springsteen zwei Rekorde auf. Mit offiziell 160 000 Zuschauern (inoffiziell geht man von etwa doppelt so vielen Menschen aus) war es sein größtes Konzert, das er jemals gespielt hatte, und es war das größte Open-Air-Konzert in der Geschichte der DDR.

Ich war nicht der Einzige, der die Sendung kannte und liebte. Ein »Hafenplätzchen« aus Ostwestfalen kannte die Sendung und hatte schon als Schüler Leerkassetten mit guter Musik von diesem Sender gefüllt.

Damals schrieb man die Stadt noch meist Warna – die bulgarischen Städte haben sich erst nach 1990 englische Schreibweisen gegeben. Ich flog mit Otto hin – es war die billigste Reise im *Transeuropa*-Katalog, wie die ehemaligen *Quelle*-Reisen bei der *TUI* hießen. Eine Woche im Privatzimmer in Varna, kein Stern, ein »Punkt« im Katalog.

Der Bus vom Flughafen war besetzt mit Leuten, die zum Goldstrand, nach Дружба (Druschba, Freundschaft!) oder Albena wollten. Sie hatten es uns zu verdanken, dass sie auch die Innenstadt von Varna sahen. Der Bus

Le Monument à l'Armée soviétique
The Monument to the Soviet Army

QSL-Karte von *Radio Sofia*

lud uns samt Gepäck vor der Touristen-Information von Балкантурист (Balkantourist) ab, dort kriegten wie unsere Adresse für eine Woche, am Булевард Ленин (Boulevard Lenin) einen Stadtplan und unsere »Talons« – das waren Gutscheine über Leva von *Balkantourist*, mit denen man essen gehen konnte. Man setzte sie wie Bargeld ein. Damals war der Lev noch eine starke Währung, der Wechselkurs stand ca. 1:1 zum Rubel – ein Lev war ungefähr drei DDR-Mark wert. Und die Talons hatte ich ja schon 1982 bei der Reise mit meiner Mutter genossen: Man konnte fast überall essen gehen, im Gegensatz zu Vollpensionsurlaub in Spanien mit gelegentlich ungenießbaren Menüs.

Wir wohnten bei Familie Ненчев, und die hießen uns herzlich willkommen. Das Zimmer in der zehnten Etage war sehr einfach, aber es bot Blicke aufs Meer. Nenchevs Balkon war lang wie die ganze Vierraum-Wohnung. Er war pensionierter Kapitän, hatte die sieben Weltmeere bereist, sprach Englisch und Französisch, Frau Nencheva arbeitete als Übersetzerin für Deutsch und Italienisch in einem Chemiekombinat. Eine

Zeitlang war sie auch in Äthiopien eingesetzt, worüber sie lebhaft berichtete.

In jener Woche entstand meine Zuneigung zu dieser Stadt. Das Varna von heute ist jedoch kaum noch mit jener Stadt zu vergleichen, die ich in den achtziger Jahren kennen und lieben lernte. Nicht nur der kleine Krämerladen in der Fußgängerzone, wo Otto und ich uns mal mit einem halben Brot, Käse und einer Flasche Wein eindeckten, ist schon lange verschwunden.

Mit dem Skoda
nach Dresden

1984 kam ein neuer Professor für Literaturwissenschaft aus Gießen an die TU. Er fiel mir unter anderem durch sein Seminar zu dem schwulen amerikanischen Dichter Walt Whitman auf. Öfter diskutierten wir in der Cafeteria im 20. Stock. Er zeigte sich aufgeschlossen und neugierig auf das schwule Leben in der DDR, weil ich wiederholt von meinen Lieblingskneipen und -cafés erzählte. Im Frühjahr 1985 unternahmen wir einen gemeinsamen Ausflug: ein bisschen Köpenicker Altstadt, die Bölsche-straße in Friedrichshagen – inklusive Mittagessen im traditionellen Restaurant »Zum Maulbeerbaum« –, ein Kännchen Kaffee im »Schönhauser«, die Schönhauser Allee rauf und runter, Abendessen im Café am Senefel-derplatz ... Er bekam das volle Programm.

Der Professor war Mitglied der F. D. P., was er keines-wegs verschwieg. Die drei Punkte zwischen den Initialen hatte sich die Partei irgendwann Ende der sechziger Jahre gegeben, 2001 sollte sie sich wieder von ihnen trennen. In jener Zeit klammerten sich die Liberalen an diese Punkte, weil ihnen die Werbestrategen gesagt hatten, das sei ein »werblicher Stopper«, der verhindere, dass die drei Buchstaben einfach so überlesen würden.

Student Stefan Spector, 1984

Das sollte sich aber mit dem Aufkommen des Internets als Problem erweisen. Im digitalen Zeitalter waren die altmodischen Punkte hinderlich: F-dot-D-dot-P-dot war keine taugliche Mail-Adresse.

Der Anglistik-Professor war nicht der Einzige an der TU, der bei den Liberalen war. Auf dem Weg in die Mensa begegnete mir immer wieder der Naturwissenschaftler Heinrich von Hirschhausen, der ebenfalls das Parteibuch der F. D. P. besaß. Sein Sohn studierte Medizin und sollte später im Fernsehen den Clown geben.

Am Ernst-Reuter-Platz gab es die Buchhandlung *das europäische buch*. Das war eine wahre Fundgrube für jegliche DDR-Literatur. Mir kam sie vor wie eine gut sortierte Buchhandlung drüben, dazu ein paar Standards von Suhrkamp und ein paar anderweitige rote Bücher ... Besonders bei den Sonderangeboten griff ich gern zu: Eine Shakespeare- und eine Oscar-Wilde-Ausgabe gab es für unglaubliche 10 DM – beide »Printed in Czechoslovakia«, also deutlich günstiger, als wenn ich sie in Berlin erworben hätte. Ich hab sowieso nur wenige Bücher gekauft, bei meinem Budget war nicht viel drin. Die TU-Bibliotheken waren damals recht gut ausgestattet.

Nebenan gab es die »Uni-Buchhandlung« *Kiepert*, die alles Mögliche vorrätig hielt, inklusive vieler Tische mit seichter aktueller Literatur. Ich war selten Kunde: nur wenn es eilig war. Sie hatten wenig, was ich fürs Studium brauchte. Ein paar hundert Meter die Knesebeckstraße runter war noch die Buchhandlung *Romanisches Buch:* immer eine gute Adresse für französische Bücher.

Die Germanistik-Studentinnen haben sich in der Cafeteria darüber ausgetauscht, welche Bücher sie günstiger in der DDR bekämen. Bei den Großeinkäufen fürs Semester suchten sie die Buchhandlung *Internationales Buch* in der Spandauer Straße unweit des Fernsehturms auf. Da konnte man sogar, wenn der Mindestumtausch nicht reichte, den Rest auch in D-Mark bezahlen. Meine Marx-Engels-Werke kaufte ich jedoch diesseits der Grenze, im *europäischen buch* am Ernst-Reuter-Platz kosteten sie genau so viel wie im *Internationalen Buch,* da gab es keinen Unterschied.

Michael, ein Freund vom Hafenplatz, besaß nicht nur einen Führerschein, sondern auch einen dunkelgrünen Skoda. Ich selbst absolvierte die Fahrprüfung erst 1991.

Michael fuhr einmal mit Otto und mir nach Dresden. Weil Michael ein ziemlicher Straßenbahn-Freak war und obendrein in der Dresdner Innenstadt hohe Parkgebühren fürchtete, stellten wir das Auto an der Straßenbahnschleife auf dem Weißen Hirsch ab und sind mit der Bahn in die Altstadt gefahren. Vom Bahnhof Neustadt schlenderten wir über die Elbbrücke, sahen den Trümmerhaufen der Frauenkirche, der als Mahnmal liegengeblieben war, was ich sehr sympathisch fand. Wir flanierten durch die Prager Straße, die neue Fußgängerzone, zum Hauptbahnhof. Der breite Boulevard war gesäumt von Hotels und Geschäften sowie mit einem runden Kino. Ein interessantes architektonisches Ensemble.

Das MfS in Wartestellung

Ich war Abonnent der *Wahrheit,* der Tageszeitung der Sozialistischen Einheitspartei Westberlins (SEW). Die Partei war gleichfalls ein Kind des Kalten Krieges. Die Vereinigung der KPD und der SPD zur SED war in den Westzonen verhindert worden, nicht zuletzt durch den strammen Antikommunismus durch die in Hannover, also in der britischen Besatzungszone, sitzenden SPD-Führer um Kurt Schumacher. In der Viermächtestadt ging dies – dank der sowjetischen Besatzungsmacht – nicht. Der Kompromiss sah dann so aus, dass die SPD in den Westsektoren weiter existierte und auch im sowjetischen Sektor, im demokratischen Berlin, wie es damals hieß, Parteistrukturen unterhalten durfte. Im Gegenzug wurde die SED auch in Westberlin zugelassen. Nach dem 13. August 1961 nannte sie sich »SED Westberlin«, danach, um die Eigenständigkeit zu unterstreichen, SEW.

Vermutlich war ich der Erste, der in der *Wahrheit* eine schwule Kontaktanzeige schaltete. *»Stefan, 20, sucht 'n lieben Freund für'n Leben zu zweit.«* Es meldete sich Peter, ein netter junger Mann mit Vollbart und kräftiger Brustbehaarung. Es blieb bei einer Affäre. Ebenfalls ohne nachhaltige Wirkung verliefen meine Kontakte zur Partei selbst. Ein Kommilitone nahm mich einmal mit zu einer Parteiveranstaltung in Kreuzberg. Wir wurden kein Paar. Aber immerhin: Im Frühjahr 1985 lud mich Peter zum *Internationalen Jugend- und Studentenlager* am Scharmützelsee in der DDR ein. Er streckte mir das Geld für die Fahrkarte vor, und so erlebten wir drei Wochen Sommer, Sonne, Sozialismus in Wendisch Rietz.

Anfang Juli hatte *Die Wahrheit* ihr Pressefest auf einem großen Platz bei Schultheiß an der Hasenheide gefeiert. Es wurde ein sehr interessanter Tag mit vielen spannenden Gesprächen: Viele Studenten und Linke aller Couleur waren gekommen, und es fühlte sich an wie Friedensbewegung. Unglaublich, wie viele rote Socken es in Westberlin damals gab. Und Kunst aus der DDR – unvergessen der Auftritt der Gruppe *Silly* mit Tamara Danz.

Mindestens so viele waren nach Wendisch Rietz gekommen, in die größte Jugendherberge der DDR. Wir waren ungefähr sechshundert Leute aus deutschsprachigen Ländern, die in »Hütten« untergebracht wurden, die aber mehr als komfortabel waren. Für je zwei Dreibettzimmer gab es eine Dusche und ein Klo. Das Programm war dicht gestaltet, jede/r konnte sich raussuchen, was er oder sie mochte. Manche gingen lieber im See baden, ich ging gern auf Veranstaltungen und auch auf Entdeckungstour. Der Bummelzug fuhr bis Königs Wusterhausen, da konnte man dann in die S-Bahn umsteigen. So fuhr ich öfter nach Berlin. Eine Nacht bin ich sogar in Berlin geblieben, nachdem mich ein Freund in die gerade neu aufgemachte Disco in der Buschallee entführt hatte und wohl kein Zug mehr von Königs Wusterhausen nach Wendisch Rietz fuhr. Bei einem Bekannten von ihm konnte ich übernachten. So lernte ich auch Schöneweide und insbesondere die Edisonstraße im Morgengrauen kennen.

Mit Freunden auf der Schönhauser Allee unterwegs, 1983

Ich gehörte zu den wenigen Leuten, die regelmäßig den Dorfkonsum in der Nähe des Bahnhofs von Wendisch Rietz besuchten. Den vollen Geschmack der frischen Milch mit Sahneklüten obendrauf findet man heute nur noch bei Bioladen-Ware von *Demeter*. Diese tolle Nachmittagsmilch habe ich später jahrelang vermisst …

Betreut wurden wir damals von der FDJ Cottbus, und die Chefin unserer Betreuer war eine ungemein patente junge Frau. Sie war nur überhaupt nicht darauf vorbereitet, dass sich jemand wie ich so gut im DDR-Alltagsleben »aufm Land« auskannte. So konnten wir gemeinsam in interessanten Gesprächen insbesondere dem Genossen Peter (der mich eingeladen hatte) verständlich machen, dass die DDR nicht das Paradies auf Erden ist: Im Alltag war zwar vieles angenehmer als in der BRD oder Westberlin, aber trotzdem war das Leben das Leben ... Ansonsten verblüffte mich die Tatsache, dass das Angebot beim Frühstück und kaltem Abendessen sehr stark dem glich, was man in der Selbstbedienung im *Hotel Stadt Berlin* bekam, wenn man zwischendurch am Alex den Hunger stillte. Einfache Hausmannskost, aber immer lecker. Man musste allerdings bei den Getränken aufpassen: Es gab riesige Bottiche mit Tee, Milch, Kaffee und ... Bohnenkaffee. Letzterer war gut und machte wach – aber wenn man sich aus Versehen den falschen Topf griff, gab's koffeinfreien Kornkaffee, den man hier Muckefuck nannte.

Ein Höhepunkt in jenen drei Wochen war eine Fahrt mit dem Sonderzug nach Weimar, wo wir die Nationale Mahn- und Gedenkstätte auf dem Ettersberg besuchten. Uns begleitete Fred Löwenberg, ein Antifaschist aus Breslau, der unter anderem im KZ Buchenwald gesessen hatte. 1950 wurde er in München aus der SPD ausgeschlossen, weil er Kontakte mit SED-Genossen unterhielt, was gegen den Unvereinbarkeitsbeschluss der SPD verstieß. Nach dem KPD-Verbot in der BRD saß Löwenberg fünfzehn Monate in Haft und floh danach in die DDR. Als er uns durch die Gedenkstätte führte, war er Anfang sechzig und gerade in Rente gegangen. In der DDR konnten antifaschistische Widerstandskämpfer mit sechzig Jahren aus dem Berufsleben ausscheiden, wie er uns berichtete. Löwenberg hatte als Journalist gearbeitet. Das Bahnabteil, in dem er saß, war immer gerammelt voll, denn er konnte viele Geschichten aus einem bewegten Leben in Breslau, München und Berlin erzählen. Wir lauschten ihm gern – und hüllten uns ein in Zigarettenrauch. Peter, der als Nichtraucher meist auf dem Gang hockte, schien mir – im Unterschied zu Löwenberg – ein wenig der Wirklichkeit entrückt. Löwenberg sah den Sozialismus realistisch, während Peter ihn idealisierte.

Heute würde man sagen: Fred war der geborene Mann für den Propagandisten-Job! Er erzählte gern und mit Leidenschaft, war glaubhaft und überzeugend, weil er auf dem Teppich blieb und uns aus dem Westen kein X für ein U vormachte. Wir hatten viele Fragen, die er sich geduldig anhörte und mit gleicher Geduld und Ausführlichkeit beantwortete. Bis zu seinem Tode 2004, so hörte ich, leistete er eine bewundernswerte Antifa-Arbeit mit Jugendlichen. Viele kamen zur Trauerfeier nach Friedrichsfelde, wo seine Urne im OdF-Feld beigesetzt wurde. Unter dem normierten Grabstein lag bereits seit 1980 seine Frau Olga.

Fred Löwenbergs Grabstein im OdF-Feld in Berlin-Friedrichsfelde

Freds Adresse stand da schon lange in meinem Adressbuch, er wohnte in einer Neubauwohnung in Marzahn, in der Allee der Kosmonauten. Hin und wieder schaue ich nach seinem Grab.

Fred war auch für die Veranstaltung verantwortlich, die am vorletzten Abend in Wendisch Rietz stattfand. Das Thema lautete »Schwule und Lesben«, ich gehörte zu den Mitveranstaltern. In Berlin hatte ich eine Schallplatte von Gaby Rückert erstanden, die FDJ stellte einen Plattenspieler bereit, und so spielten wir die Ballade »Berührung« von ihrem Debütalbum, das sich 250 000 Mal verkauft hatte. Heute würde der Text unter Kult oder Schwulen-Hymne rangieren.

Wenn der Eine den Andern begehrt
Wenn der Eine den Andern nicht wehrt
Wenn der Eine den Andern wortlos versteht
Wenn sich beide berühren, sich zärtlich verführen,
    findend verlieren
Dann gehören sie zusammen diese Nacht
Und sie öffnen alle Türen
Dann gehören sie zusammen diese Nacht
Und sie geh'n wie durch ein unbekanntes Haus
Dann gehören sie zusammen diese Nacht

Es wurde eine sehr lebhafte Veranstaltung, wo sich zwar nur wenige outeten, aber alle aus Ost und West neugierig und aufgeschlossen miteinander diskutierten.

Ja, auch viele rote Lieder hab ich am Scharmützelsee gelernt, auch in fremden Sprachen, wenngleich das Internationale Jugend- und Studentenlager überwiegend deutschsprachig war. Aber es waren auch französischsprachige Schweizer dabei. Die verstand ich viel besser als ihre Landsleute, die vorgaben, Deutsch zu sprechen.

Unterwegs im Spreewald, 1985

Im Nachgang wurde mir auch klar, dass das Internationale Jugend- und Studentenlager nicht nur ein großartiges Treffen von Gleichgesinnten war, sondern sich dort auch Genossen des Ministeriums für Staatssicherheit, insbesondere die des Auslandsnachrichtendienstes, diskret umtaten. Und deren Interesse zielte wohl erst in zweiter Linie darauf, jene unter den Jugendlichen auszumachen, die gegen die DDR hetzten oder mehr als nur Erholung im Sinn hatten, um sie künftig nicht wieder ins Land oder hierher zu lassen. Primär, so meine ich, ging es gewiss um die Sichtung, um das Aufspüren von Menschen, mit denen man sich einmal unterhalten wollte. »Tippen« heißt dieser Vorgang in der Sprache der Geheimdienste.

Obgleich ich mich normal verhielt, also positiv zur DDR stand – woraus ich kein Hehl machte –, suchte niemand ein solches Gespräch mit mir.

Das ist jetzt meine nachträgliche Interpretation, denn damals, mit 22 Jahren, war ich zum einen in dieser Hinsicht absolut unbedarft, ich hatte keine Ahnung von solchen im Hintergrund laufenden Vorgängen, weshalb ich zum anderen es weder darauf anlegte, ins Blickfeld des MfS oder eines anderen Dienstes zu gelangen, noch wüsste ich, wie ich reagiert hätte, wäre ich angesprochen worden. Warum man mich also ignorierte oder ob ich mir das alles nur einbilde, kann ich nicht belegen: Ich habe mich noch nie um Einsicht in meine Akten bei der Bundesbehörde für die Stasi-Unterlagen (BStU) bemüht. Folglich kann ich nichts über die Aktivitäten des MfS in Wendisch Rietz weder im Allgemeinen noch im Besonderen vermelden.

Wenn ich aber – fernab von Detailwissen – etwas daraus schließen kann, dann dieses: Die Jungs von der Hauptverwaltung Aufklärung und die von der Abwehr schienen einen langen Atem zu haben. Ehe sie jemanden für eine Zusammenarbeit ansprachen, verging viel Zeit. Und noch mehr Zeit verrann mitunter, ehe die angeworbene Person dorthin gelangte, wo sie dem Nachrichtendienst nutzte. Das heißt, Informationen lieferte, die man brauchte. Das alles war langwierig, eben langfristig und strategisch angelegt und frei von Aktionismus.

Das war mir damals, Mitte der achtziger Jahre, völlig fremd. Ich steckte mitten im Grundstudium, mich beschäftigten Proseminare und Praktika. Nach dem Grundstudium wollte ich für ein Jahr nach Frankreich gehen, um als Fremdsprachenassistent meine Sprachkenntnisse zu vertiefen und weiter in Lille zu studieren.

Bis dahin verbrachte ich meine Monate in Berlin, fuhr immer wieder in die DDR, wo ich mich pudelwohl fühlte. Kaufte KARO und lernte Menschen kennen, etwa jenen interessanten Typen, der eine schwule Kontaktanzeige in der *BZ am Abend* geschaltet hatte, der vermutlich einzigen Boulevardzeitung der DDR. Man kaufte sie für einen Groschen, bevor man in die U-Bahn stieg, und hatte sie bis zum Zielbahnhof gelesen, weshalb sie dort in den Papierkorb flog. Er war älter als ich, und wir trafen uns im Café Schönhauser. Er sollte 1989 seinen Vierzigsten feiern, weshalb seine Freundin Moni auf seinem Balkon ein »sowjetisches Bufett« ausrichtete. Moni hatte in der Sowjetunion Dentalmedizin studiert und promoviert und viele Gewohnheiten und Küchengerätschaften von dort importiert. Auf diese Weise kam ich wieder in einen speziellen Freundeskreis, der einen anderen Blick auf die Welt hatte. Ich lernte und profitierte von diesen Einsichten.

Der Westberliner Senat versuchte 1986, die Gehälter der studentischen Hilfskräfte zu kürzen. Dagegen machte die Studentenschaft mobil. Der Arbeitskampf der Tutorinnen und Tutoren weitete sich zu einem grundsätzlichen Protest gegen die Bildungspolitik des konservativen Diepgen-Senats und das restriktive Landeshochschulgesetz aus. Die Auseinandersetzung endete mit einem punktuellen Erfolg und mit günstigeren Tarifabschlüssen, von denen ich profitierte, als ich Anfang 1988 selber Tutor wurde, also Studierende beriet, ihnen half und sie betreute.

Bei den »bösen Logeusen«
in Lille

Ab dem Oktober 1986 verbrachte ich fast ein Jahr in Frankreich. Ich war Fremdsprachenassistent am Lycée Pasteur in Lille und dem Collège Flandre in La Madeleine. Nebenbei studierte ich an der Universität Lille III. Ich hatte insofern Glück, als dass ich als Einziger unter den etwa tausend Bewerbern für eine Fremdsprachenassistenz-Stelle mich für Lille beworben und darum auch den Zuschlag erhalten hatte.

Zum Auftakt wurde ich wie ein Ostblock-Agent behandelt. Meine drei in Westberlin bei der Deutschen Reichsbahn aufgegebenen Koffer musste ich in Lille auf dem Bahnhof beim Zoll abholen. Die einzigen Wertgegenstände waren meine Schreibmaschine, das Kurzwellenradio und ein gut vier Pfund schweres Wörterbuch namens *Petit Robert*, das ich 1980 in Belgien erworben hatte. In der DDR hatte ich gelernt, wie man mit Zöllnern umgehen musste: immer ernsthaft und in Maßen kooperativ. Der Inhalt meiner Koffer schien sie jedenfalls davon zu überzeugen, dass ich nur zum angegebenen Zweck nach Lille gekommen war.

Lille befand sich in unmittelbarer Nähe zu Belgien, was nicht nur den Vorzug hatte, dass Ausflugsziele wie

Brügge, Gent, Kortrijk und Tournai nicht weit entfernt lagen, Brüssel war auch nah, und in Mouscron gab es immer mal wieder Jazz-Konzerte. Lille war auch Umsteigepunkt der belgischen Eisenbahn, und wenn die französischen Eisenbahner streikten (und das taten sie Weihnachten bis ins neue Jahr 1987), entging ich dem Streik bequem mit einem belgischen Zug. Meine beiden »Logeusen« Anne-Laure und Anne-Marie hingegen brachten bis zu 20 Stunden auf der französischen Staatsbahn zu, um zu ihren Familien zu gelangen.

Im Französischen sind »Logeusen« im Wortsinne Damen, die vermieten, bei denen man also logiert. Anne-Marie meinte irgendwann mal scherzhaft, ich würde bestimmt überall über meine *»affreuses logeuses«* stöhnen – und weil sich das sehr reimt, ist es das geflügelte Wort von den »bösen Logeusen« geworden. Das war, wie sagt man im Englischen?, »fishing for compliments«, denn ich hatte keinen Grund zur Klage. Es waren zwei sehr patente Frauen, die eine war Ende 20 und die andere Mitte 30. Sie verfügten über einschlägige Erfahrungen mit Fremdsprachenassistenten, die bei ihnen in Lille bzw. La Madeleine einkehrten. Im Jahr zuvor logierten zwei Österreicherinnen bei ihnen, davor eine Irin. Anne-Marie gab ihre Erfahrungen zum Besten: »Die typische Irin kann gut kochen und ist sehr häuslich, Österreicherinnen können nicht kochen, haben aber viele Affären, und der typische Deutsche bemüht sich in der Küche und hat einen Liebhaber dabei.«

Die »Logeusen« bezogen im Abonnement die *Liberté*, das war die Regionalausgabe der *Humanité*, die ich sonst im Café Schönhauser las.

Während La Madeleine eher ein gutbürgerlicher Teil der Großgemeinde Lille war, wohnten wir in der deutlich bescheideneren Ecke in einem typisch flämischen

Reihenhaus. Es war einfach und an manchen Ecken etwas baufällig, aber dafür war die Miete erschwinglich. Hier lebte das Prekariat. Das merkte ich beim Einkaufen im Supermarkt am Place des Fusillés et Déportés, dem »Platz der Erschossenen und Deportierten«. Man musste nur in die Einkaufswagen anderer Leute kucken, um zu sehen, von welchen Abscheulichkeiten man sich in La Madeleine ernährte. Ernähren musste, weil nicht mehr Geld zur Verfügung stand.

Die Damen an der Käsetheke im Supermarkt waren ausgesprochen clever. Für eine kleine Feier kaufte ich auftragsgemäß zwei Pfund Käse. Anne-Marie warf einen prüfenden Blick auf die Aufkleber. Das Gewicht der einzelnen Käsesorten betrug jeweils zwischen 160 und 180 Gramm, insgesamt waren es also keine 700 Gramm. Anne-Laure schüttelte den Kopf. »Das machen sie immer! Die Frauen am Stand wissen, dass die Leute arm sind. Aber sie geben ihnen das gute Gefühl, ein halbes Pfund Käse zu kaufen, auch wenn sie keine 250 Gramm abschneiden.«

Immerhin bot der Supermarkt Joghurt mit »bulgarischem Geschmack« an – den gibt es auch noch heute in Frankreich. Wobei die meisten Leute die geschmacksneutrale Eigenmarke des Supermarkts im Einkaufswagen hatten.

Meine größten Probleme hatte ich mit Grundnahrungsmitteln wie Brot und Milch. Frische Vollmilch war nicht immer vorhanden, Vollkornbrot nur als Tütenbrot. Besuch aus Deutschland musste darum Vollkornbrot mitbringen! Meine Mutter und eine Bekannte aus Westberlin reisten auf meine dringende Bitte zwei Mal mit je drei bis vier Kilo Brot an. An der Uni konnte ich auf dem studentischen deutschen »Brot-Markt« auch das eine oder andere Pfund Brot zum Selbstkostenpreis erstehen.

Auf einem Abstecher in Paris, 1988

KARO brachte allerdings niemand mit, sodass ich Gauloises rauchen musste. Naja, für umgerechnet 1,45 DM statt 1,60 DDR-Mark nahm ich auch den dunkleren Tabak in Kauf.

Von meinen »Logeusen« lernte ich nicht nur, wie man Chicorée mit Béchamel-Soße zubereitet. Die beiden Bibliothekarinnen führten ein ausgesprochen kultiviertes Haus. Wir gingen zusammen ins Theater und in die Oper, saßen im Winter am prasselnden Kamin und diskutierten über alles, was gerade so passierte. Und das bei einem guten Gläschen Wein oder – damals mein Favorit – Apfelcidre. Ich sparte zehn Prozent, wenn ich

Anne-Maries Hinweis beherzigte und die Cidre-Flaschen in den Pfandautomaten steckte. Die Flaschen glichen den Bierflaschen der Marke »Jenlain« und trugen damals noch keinen Barcode. Die Maschine war doof und unterschied nicht zwischen Bier- und Cidre-Flaschen, ich kassierte das Pfand und legte den Bon bei der Bezahlung des nächsten Apfelcidres vor.

Nach ein paar Monaten lernte ich einen netten 18-jährigen Mann mit Namen Jérôme kennen. Mehr als eine kurze Affäre wurde daraus nicht – und er erfuhr nie, dass ich mir später seinen Namen als Pseudonym lieh. Jérôme war die Unschuld vom Lande, er wohnte auch auf einem kleinen Dorf, wo nur drei Mal am Tag der Bus fuhr. Völlig ungewohnt für mich, der ich wusste, wie oft in Schildow/DDR der Bus verkehrte. Blieb er über Nacht und ich ging zur Arbeit, war sein Frühbus schon weg, und so vergnügte er sich damit, das Geschirr zu spülen und, wenn er danach Langeweile hatte, auch noch die Gläser zu polieren. Meine »bösen Logeusen« gewannen ihn schnell lieb, denn er war immer höflich und entgegenkommend, und sie hatten niemals zuvor so brillant polierte Gläser in der Küche.

An einer meiner beiden Schulen wurde ich »Ehrenmitglied« der Kommunistischen Partei, im Herbst 1986 kam es zu Schul- und Unistreiks gegen eine verheerende Bildungspolitik. Außerdem gab es Protest, weil die Turnhalle zugunsten des zukünftigen TGV-Bahnhofs abgerissen werden sollte. Weite Areale in Lille erinnerten mich an Berlin-Kreuzberg, dort jedoch waren es Ruinen aus dem Zweiten Weltkrieg.

Der Schulleiter war bei den Schüler- und Studentenprotesten immer dabei und erklärte mir sein politisches Grundprinzip:»Ich bin in der Sozialistischen Partei, die

Sozialisten stellen in Lille den Bürgermeister, sonst hätte ich meinen Posten nicht bekommen. Aber natürlich bin ich auch in der kommunistischen Gewerkschaft CGT – die fordern schließlich immer ein Prozent mehr!«

In Lille konnte man zwei deutschsprachige Mittelwellensender in tauglicher Qualität empfangen: *WDR 2* aus Köln und *Stimme der DDR* aus Berlin. Da mein Radio drei getrennte Skalen für UKW, Kurzwelle und Mittel- und Langwelle hatte, war auf UKW *France Inter* eingestellt, auf Mittelwelle *Stimme der DDR*. Auf *Stimme der DDR* verfolgte ich eine Rede von Gorbatschow vor der UNO, es war eine Live-Übertragung mit einem sehr guten Simultandolmetscher.

Am 25. Januar 1987 wurde der Bundestag gewählt, es gab eine »Nudelparty« für die deutschen Studenten. In ihrem Wohnheim in Villneuve-d'Ascq, dort befand sich auch die Uni Lille III, konnte man nicht einmal den *WDR* auf Mittelwelle empfangen. Es war wohl kein allzu kalter Tag, denn mein Weltempfänger stand im Kamin. Wer das Modell *ITT Touring Professional* noch kennt, weiß, dass man damit selbst große Räume problemlos beschallen konnte.

Nordfrankreich hat in meiner Familiengeschichte einen besonderen Platz, weil unser Urgroßvater, Gärtner von Beruf, in Nordfrankreich im Ersten Weltkrieg Friedhofsgärtner war. Er kam psychisch völlig verwirrt nach dem Krieg nach Hause – heute würde man sagen »erwerbsunfähig«. Die meiste Zeit verbrachte er im Bett. Das, was ich über ihn erfuhr, habe ich von meiner Großmutter, seiner Tochter.

Der Erste Weltkrieg, La Grande Guerre, war in Lille auf verschiedene Weise präsent. Zum Beispiel durch die Ruine der Stadtbibliothek, die seit jenem Krieg als Mahnmal stehen geblieben war.

An der Uni besuchte ich ein historisches Seminar zum Thema »Revolution«. Man bereitete das Thema für den 200. Jahrestag 1989 vor. Weil ich gemeinsam mit einem Studenten aus dem Münsterland ein Referat zu einem sprachhistorischen Aspekt ausarbeitete, besuchte ich oft die *Bibliothèque Municipale,* die sogar Originale aus dem 17. Jahrhundert besaß, welche man im abgegrenzten Arbeitsbereich lesen konnte. Es dauerte immer etwas länger, ehe diese Bücher aus dem Magazin kamen. Sie kriegten noch eine Portion Lederfett übergerieben, bevor sie ausgehändigt wurden. Sonst würde das Leder brechen. Wenn das Fett eingezogen war, konnte man die Bücher vorsichtig aufschlagen und lesen. Einige Bücher wiesen Brandspuren aus dem Ersten Weltkrieg auf. Die kriegte man auch mit Fett nicht mehr weg.

1986 lernte ich die 92-jährige Großmutter eines Bekannten in einer Kleinstadt der Großgemeinde Lille kennen. Sie war Jahrgang 1894. Nach einem Gläschen Wein beim Abendessen schilderte sie plastisch ihre Erlebnisse als junge Frau während der deutschen Besatzung 1914/18. Dann sprang sie vom Ersten zum Zweiten Weltkrieg.

»Die Deutschen, die 1940 kamen, waren nicht mehr die netten Offiziere von damals, die mich galant ausgeführt hatten.«

Aber sie trug nichts nach. Der Umgang mit den deutschen Nachfahren der Besatzer war in Lille entspannt und normal. Dass die beiden Kriege aktuell kaum eine Rolle spielten im Leben der Franzosen vor Ort, lag eventuell daran, dass viele meiner Bekannten nicht aus der Region stammten. Die Filmkomödie *Willkommen bei den Sch'tis (»Bienvenue chez les Ch'tis«)* machte deutlich, was das Besondere an Lille ist: Es ist eine Stadt von »Emigranten« aus ganz Frankreich, von denen viele nicht freiwillig hierher kamen.

Meine Schule, an der ich tätig war, lag in La Madeleine, im deutlich ärmeren Teil der kleinen Stadt, wo sich viele Hochhäuser erhoben. Die meisten Kinder und ihre Eltern waren alles andere als wohlhabend. Trotzdem sollten auch sie mal eine Klassenreise machen. Und da ihr Klassenlehrer in der Neunten gleichzeitig ihr Deutschlehrer war, ging es dahin, wo sich Jean-Pierre besonders gut auskannte: in die DDR. Er hatte als Student an der Rostocker Wilhelm-Pieck-Universität Sommersprachkurse besucht. Die waren nicht nur billiger als in der Bundesrepublik, sondern auch interessanter. Er erzählte gern, dass man rasch Kontakte knüpfen konnte – zwar nicht unbedingt zu den manchmal etwas wortkargen Einheimischen, sondern zu den Lehrerstudenten aus Sachsen und Thüringen, für die es ebenfalls Sprachkurse an der Uni Rostock gab. Sie besuchten Kurse in Hochdeutsch, und Jean-Pierre musste immer schmunzeln, wenn er erzählte, wie sich die Studenten aus dem Süden der DDR und die ausländischen Studenten gegenseitig Tipps zur Aussprache bestimmter Wörter gaben.

Die Klassenfahrt sollte nach Erfurt gehen. Ich würde nicht mitfahren, weil ich zu jenem Zeitpunkt bereits meine Zelte in Lille abgebrochen haben würde. Aber ich konnte bei der Vorbereitung helfen. So schickte mich Jean-Pierre zur Freundschaftsgesellschaft France-RDA, um Poster für den Unterricht zu holen, die er dort bestellt hatte. Ich machte mich zum Büro auf und klingelte. Freundliche französische Genossen versorgten mich mit Bildern aus Erfurt und Berlin.

Ich kriegte einen Kaffee, wir quatschten. Die Atmosphäre war deutlich herzlicher als im Goethe-Institut in Lille, wo ich mich gelegentlich mit Literatur und Kopiervorlagen für meinen Unterricht versorgte. Dort spürte man den Kalten Krieg, woran ich allerdings selber schuld war. Ich hatte der Dame von der Buchausleihe erzählt, dass ich auch die DDR recht gut kenne, womit ich bei ihr unten durch war. Sofort prasselten Parolen aus der Propagandakiste des Westens auf mich ein. Ich entzog mich dieser Hirn- und Sinnlosigkeit durch Flucht.

Mit dem Bildmaterial aus der DDR bereitete ich meine Schüler auf die Reise vor. Die Motive aus Berlin kannte ich, nicht die aus Erfurt, etwa von der Krämerbrücke. Die wichtigsten Sätze, die meine Schüler können mussten, lauteten: »Eine Cola, bitte« und »Wo ist denn hier das Klo?« Praktisch war, dass unter den Berlin-Postern auch eins vom Palast der Republik war. Damit konnte man das gesammelte Gastronomie-Vokabular üben. Und damit sich die Schüler auch musikalisch einstimmten, wurden Songs von Silly, Wolfgang Ziegler und Gaby Rückert zu Unterrichtsstoff. Ja, ich mochte auch Schlager aus der DDR und setzte sie für den Unterricht professionell ein.

France Inter, François Bon und Jürgen Walter zur 1500–Jahr–Feier

Ich studierte nach meiner Rückkehr weiter fleißig, abonnierte wieder *Die Wahrheit*, schloss mich aber nicht der SEW an. Seit 1982 besuchte ich diverse Stadtbezirksfeste in Berlin, und natürlich auch das *ND*-Pressefest im Volkspark Friedrichshain.

Nach der Rückkehr aus Frankreich entdeckte ich einen tollen neuen Brotladen in der Schönhauser Allee, direkt am U-Bahnhof Dimitroffstraße. Das wundervolle *Berliner Schrotbrot* konnte es mit dem besten Brot aufnehmen, das Kilo kostete nur 82 Pfennig – kein Wunder, dass ich oft Bestellungen von Freunden bekam. Meine Freunde aus Westberlin waren nicht geizig, sondern ausgesprochene Feinschmecker!

Nicht, dass man in Kreuzberg kein gutes Vollkornbrot hätte kaufen können: Nahe dem Anhalter Bahnhof residierte das Drogen-Selbsthilfeprojekt Synanon (das nicht so abgedreht war wie das US-amerikanische Pendant). Es führte eine anständige Bäckerei. Ich liebte ihr Kastenbrot. Aber dort kostete das Brot je nach Sorte vier bis fünf DM pro Kilo – da war mein Lieblings-Brot von der Schönhauser Allee deutlich günstiger. Ich nutzte alle Vorteile, die sich aus der Zweiteilung der Stadt ergaben. Dazu gehörte denn auch, dass ich Fahrkarten nach Hamburg nicht in Westberlin kaufte. Ich mochte nicht am Schalter der Reichsbahn am Bahnhof Zoo oder im »Reisezentrum« der Bundesbahn in der Nähe vom Bahnhof Zoo Schlange stehen oder mich gar in ein Reisebüro aufmachen, wo man stundenlang wartete. Ich kam wöchentlich am Bahnhof Friedrichstraße vorbei, der Fahrkartenschalter dort war 24 Stunden offen. Zwar musste ich als Westberliner meinen Ausweis vorlegen und in DM zahlen, aber dafür bekam ich ohne große Warterei eine kleine gelbe Pappfahrkarte nach Hamburg.

Ein Studienkollege (Anglist und Sinologe, TU und FU) hatte tatsächlich einen der damals seltenen Studienplätze für Beijing ergattert – damals sagte man noch Peking. Er war scharf auf eine gelbe Pappfahrkarte. Als ihm die Kollegin von der Deutschen Reichsbahn eine dieser damals modernen Fahrkarten ausstellen wollte, die fast so aussahen wie seinerzeit die Flugtickets, intervenierte er. Er erkundigte sich, ob nicht »hinten im Regal« noch eine Druckplatte für Peking wäre … Die Genossin von der Reichsbahn, fast alle Reichsbahner/innen waren in der SEW, ging an ihren Schrank und fand, was er suchte. Stolz zeigte er später seine Fahrkarte in der Cafeteria rum: *Berlin Stadtbahn – Moskau – Irkutsk –Ulan Ude – Ulan Bator – Peking!* Ob das Kärtchen genug Platz bot für die vielen Kontrolllöcher?

Am bequemsten reiste man nach Hamburg, wenn man mit Platzkarte in den an der Friedrichstraße eingesetzten Zug stieg. Am Bahnhof Zoo wenig später herrschte Gedränge. Hamburger kennen das: Dort steigt man am besten in Altona in den Zug, der bereits eine halbe Stunde vor Abfahrt bereitgestellt wird.

Abends traf sich oft eine illustre Gesellschaft am Senefelderplatz. Dort aß und trank man immer sehr gut. Die Kneipe öffnete um 18 Uhr, eine Stunde später die Küche. Da aber war die Bude schon ziemlich voll. Gut, wenn man schnell bestellte, denn manches war bald ausverkauft. Der Vorrat war überschaubar. Gingen die Kartoffeln aus, gab es ersatzweise Nudeln oder Reis. Dafür war alles immer frisch. Gummiartige Kochbeutel-Kartoffeln von *Apetito*, wie ich sie noch viel zu gut aus dem Kindergarten kannte, wurden mir in der DDR nie vorgesetzt. Die gab es dort erst, als man in D-Mark bezahlen musste.

Anfang der Achtziger traf ich öfter Wolfgang, von dem auch meine Mutter lernte, wie vergleichsweise unbefangen man in der DDR als Schwuler leben konnte. Einmal saßen wir mit Siegmar im Senefelder, als eine Frau Mitte 40 an unseren Tisch kam und meine Mutter sehr höflich fragte, ob sie sie zu einem Drink an der Bar einladen dürfe. Meine Mutter reagierte etwas entsetzt, aber hanseatisch: »Oh, ich bin nur mit meinem Sohn hier!«

Später begegneten sich die beiden Frauen auf der Toilette. Anschließend berichtete meine Mutter, die nette Frau habe sich dafür entschuldigt, dass sie sie für eine Lesbe gehalten und darum angesprochen habe.

Eines Abends – kurz nachdem ich aus Frankreich zurückgekommen war – lernte ich den Berliner Liedermacher Norbert Bischoff kennen, der nicht nur offen schwul lebte, sondern unter anderem auch durch sein preisgekröntes Programm *Entschuldigen Sie, der Schwule bin ich* in der DDR bekannt wurde. Es war eine spannende Begegnung, denn wir erzählten uns viel aus unseren unterschiedlichen Lebensperspektiven.

Wieder zurück in Berlin, 1988

Was ich bemerkenswert fand: Wie der Pianist Jochen Ruckick, den ich Jahre zuvor mal durch einen Freund aus Neubrandenburg kennengelernt hatte, welcher nun in Berlin wohnte, beklagte sich Bischoff darüber, dass er sich von Kulturfunktionären verschiedentlich bevormundet fühlte. Ich konnte dazu nur mit spärlichen

Argumenten aufwarten, die ich von meiner griechischen Abitur-Schulkameradin hatte. Sie schaffte es immerhin mit zwei mäßig erfolgreichen Popsongs in die ARD-Musiksendung *Musikladen*. Bischoff grinste, als ich ihm offenbarte, dass wir uns in der Schule Platten von ihr zum Geburtstag geschenkt hatten – die gab es für eine D-Mark bei Karstadt im Sonderangebot.

Das Gespräch mit Bischoff glich dem mit anderen Kulturschaffenden: In der DDR luden viele sämtliche »Schuld« für alles, was beruflich nicht so lief, wie sie es sich vorstellten, auf »Staat und Partei« ab, wobei man im Hinterkopf haben muss, dass genau diese auch äußerst begierig darauf waren, all diese Verantwortung zu tragen. Norbert Bischoff berichtete, dass den Kulturleuten in der DDR manchmal Lieder oder Texte von ihm nicht gefielen und sie Änderungen anmahnten, oder dass er bestimmte Programme zwar hier, aber nicht dort aufführen durfte. Es schien also viel Subjektivismus im Spiel zu sein.

Jedoch wurde Norbert nachdenklich, als ich ihm erzählte, wie im Westen Verleger, Manager, Plattenfirmen und Konzertagenturen mit ihren Künstlern umgingen. Dort wurde auch nicht jedes Lied auf Schallplatte gepresst oder im Rundfunk gespielt, und wenn der Erfolg ausblieb, wurde der Künstler fallen gelassen oder die Vorgaben – weil ja die Plattenfirmen ganz genau wissen, was Erfolg, also Umsatz, bringt – wurden geradezu erpresserisch.

Natürlich sprachen wir in diesem Zusammenhang auch über Ute Freudenberg und Holger Biege, die sich beide – mit großen Rosinen im Kopf – gerade in Richtung BRD abgesetzt hatten. Ich riet Norbert davon ab, mit ähnlichen Gedanken zu spielen. Ein Weggang würde auch für ihn vermutlich in einer Sackgasse enden. Ich glaube, dass Norbert selten so einen Sparringspartner wie mich hatte. Ich gab ihm beim Abschied meine Telefonnummer, aber er hat nie angerufen.

1993, am 9. November, nahm sich Nobert Bischoff das Leben. Der vierte Jahrestag des Mauerfalls war gewiss nicht zufällig gewählt. Für einen Deutschen das rechte Datum, um zu verschwinden. Er sei, wie er die Nachwelt wissen ließ, frustriert über die Entwicklung im wiedervereinigten Deutschland.

Eigentlich war ich nur in einem Literaturseminar eingeschrieben, das der französische Schriftsteller François Bon zu seinem gut 500 Jahre zuvor verstorbenen Schriftstellerkollegen François Rabelais gab. Aber in Kaffeepausen im 20. Stock mit dem bekannten Ost-West-Überblick und bei einer zufälligen Begegnung im Bus sprachen wir auch über die DDR. François Bon hatte – neben seinem DAAD-Stipendium in Westberlin – auch noch einen unglaublich interessanten Auftrag für den Radiosender *France Inter* an Land gezogen. Es war 1987, ich war gerade zurück aus Frankreich, und France Inter wollte ein 24-Stunden-Programm zum 750-jährigen Stadtjubiläum Berlins machen. Weil es die Stadt faktisch zwei Mal gab, sprach man scherzhaft von der 1500-Jahr-Feier. Wobei nicht nur Karl-Eduard von Schnitzler gern entgegenscherzte: »Vor 750 Jahren war doch gar nichts los auf dem Gebiet von Westberlin.«

François' Beitrag bestand unter anderem aus zwei Interviews, die er selbst geführt hatte: eins mit dem Chansonnier Jürgen Walter (der sehr gut Französisch sprach), und eins mit mir. Ich sprach über das Leben in Westberlin und in Berlin. (Leider gilt für das Interview das, was Jürgen Walter mal über einen Zettel sang: »Die Kassette habe ich verlor'n.«) Jürgen Walter war beeindruckt, was François Bon über ihn wusste. Was Wunder: Ich hatte ihm sehr viel Gutes über den Künstler erzählt. Die Folge war: François drückte mir in der Woche nach der Sendung zwei Eintrittskarten für Jürgen Walters traditionelles Weihnachts-Konzert im Kulturhaus *Wabe* im Berliner Ernst-Thälmann-Park in die Hand.

Ich bedankte mich nach dem Konzert telefonisch etwas schüchtern und sehr artig – zu gern hätte ich mich mal mit so einem großartigen Künstler auf einen Kaffee oder auch mehr getroffen. Aber dazu sollte es nicht kommen …

Anwerbung

Ich weiß nicht mehr genau, wann es war, aber Freund Stephan aus Berlin hatte mir mal unvermittelt und überraschend erzählt, dass er Besuch von einem unauffälligen Herrn gehabt habe, welcher sich nach mir erkundigt hatte. Bei welchem Unternehmen der Mann beschäftigt war, sei klar gewesen, weshalb Stephan – zudem etwas müde nach der Tagesarbeit – das Gespräch nicht ausufern ließ. Stefan sei zwar aus Westberlin, aber eine DDR-freundliche rote Socke, die nie Unsinn mache, allenfalls mal einen Schoppen Erlauer Stierblut zu viel trinke und dann leicht angetütert den Grenzübergang Bahnhof Friedrichstraße passiere.

In Stephans kleiner Bude in der Almstadtstraße im einstigen Scheunenviertel hatte ich schon quirlige Geburtstagsfeiern erlebt, aber ich glaube nicht, dass sich der Besucher dort besonders wohlgefühlt haben dürfte. (Übrigens, um der Sache vorzugreifen: Ich habe später nie den Genossen vom MfS über Stephans Offenbarung erzählt, wie auch sie mir nie über diesen Besuch berichteten.)

Am 18. März 1988 wurde ich aus der Warteschlange geholt. Ein junger Mann vom Zoll am Grenzübergang Friedrichstraße führte mich in einen kleinen Raum. Dort hatte ich mich schon mal bis auf die Unterhosen ausziehen müssen, um zu beweisen, dass ich kein Drogenkurier war oder sonstwas Verbotenes in die DDR schmuggeln wollte. Üblich war sonst gelegentlich eine Taschenkontrolle, das dauerte zwei, drei Minuten, dann war alles erledigt.

Ich rätselte: Was wollte man von mir, wodurch war ich aufgefallen?

Der kahle Raum war vielleicht drei mal drei Meter groß, ein Tisch, zwei Stühle.

Dann kam einer, der sich als »Uwe« vorstellte. Er war ein wenig größer und drei oder fünf Jahre älter als ich. Kurze rote Haare mit leichtem Scheitel. Das gelbe kurzärmlige Hemd passte zur frühlingshaften Temperatur, dazu trug er eine beigefarbene Bügelfaltenhose mit passenden Socken mit dezentem Muster und braunen Schuhen. Seine leichte Dialektfärbung wies auf einen der südlichen Bezirke der DDR hin. Das rundete das sympathische Bild ab, denn Männer aus Schwaben, Sachsen und Thüringen übten auf mich immer schon eine gewisse Anziehungskraft aus.

»Uwe« begrüßte mich mit freundlichem Lächeln und gab vor, eine Zollkontrolle vornehmen zu wollen. Wobei er – völlig unüblich – zu fast jedem Gegenstand, den ich aus meinen Taschen hervorholte, einen Kommentar lieferte. Wie es denn sein könne, dass ich nur ein paar Groschen DDR-Geld dabei hätte, aber mehr als ein Dutzend 20-Pfennig-Fahrkarten für Bus und Bahn? Das war durchaus eine sehr berechtigte Frage für jemanden vom Zoll, aber es gab darauf überaus plausible Antworten. Und weiter: Wo ich denn meine KARO-Zigaretten herhätte, und ob sie denn so gut seien, wie Raucher behaupteten. Nun gut, der erste Teil der Frage war banal, denn man konnte Zigaretten auch dieser Marke auf dem U-Bahnhof Friedrichstraße der Westberliner Linie von

Tegel nach Alt-Mariendorf kaufen. Andererseits konnte ein professioneller Zöllner der Rückseite meines »Mehrfachberechtigungsscheins« unschwer entnehmen, dass ich öfter in der DDR gewesen war. Die Frage hingegen, ob denn die KARO »gut« wären, deutete allerdings darauf hin, dass hier jemand völlig sinnlosen Smalltalk betrieb. Eine solche Frage hatte mir noch niemand gestellt, weder Raucher noch Nichtraucher. Entweder fanden Leute sie grässlich, oder sie schnorrten sie bei mir wie Siegmar, Inge und Horst aus Schildow oder Otto in Westberlin.

Am meisten schien sich »Uwe« für die mitgeführte Tageszeitung zu interessieren. *Die Wahrheit* trug, da ich sie im Abo bezog, einen Aufkleber mit meinem Namen und meiner Adresse. Natürlich kannten alle Zöllner das Phänomen, dass an Wochenenden deutlich mehr Exemplare der Freitagsausgabe der SEW-Tageszeitung in die DDR mitgebracht wurden: Sie enthielten nämlich das Fernsehprogramm der folgenden Woche. Aber so viele Abonnenten des SEW-Organs werden wohl nicht unter den Einreisenden gewesen sein.

Es entspann sich ein Gespräch über den Weltfrieden und weltweite Gerechtigkeit und Ungerechtigkeit, wie ich es sonst nur als politischen Meinungsaustausch kannte. Darin war ich geübt, darum neugierig und locker. War mir doch egal, ob ich mit einem Genossen vom Zoll ein bisschen rumschnackte. Ich hatte noch Zeit bis zu meinem Frisörtermin im Herrensalon der Produktionsgenossenschaft des Handwerks »Frisierkunst« in der Chausseestraße 17.

Und es blieb spannend, zumal ich langsam zu ahnen begann, dass »Uwe« wohl nicht vom Zoll war. Das aber störte mich nicht.

Nach fast einer Stunde in dem kleinen Kabuff schieden wir geradezu herzlich voneinander. Zuvor hatten wir uns verabredet. In einer Woche wollten wir uns am S-Bahnhof Jannowitzbrücke treffen. »Uwe« war ein Mann, dem ich keinen Wunsch abgeschlagen hätte.

Anstatt wie sonst mit der Straßenbahn zu fahren, lief ich mit heißem Kopf und rasendem Puls zu meinem Frisörsalon in der Chausseestraße. Wenigstens erst einmal frische Luft! Und obwohl ich nur kurz warten musste, rauchte ich noch zwei KARO im Salon, in welchem Qualmen erlaubt war. Das waren noch Zeiten.

Die Woche war sehr, sehr lang. Es war vorlesungsfreie Zeit, zum Glück hatte ich genug zu tun: in der Bibliothek, als Tutor, daheim mit Hausarbeiten für die Uni. Sonst wäre ich wohl verrückt geworden. Ich hatte viel Adrenalin im Blut.

Später habe ich oft darüber sinniert, wie clever er ausgewählt und ausgestattet worden war. Woher wusste man, dass ich auf rotblonde Männer stand, selbst wenn denen zu Recht nachgesagt wurde, manchmal sehr schwierig zu sein? Das gelbe kurzärmlige Hemd, das mir auf Anhieb gefiel, trug er später wiederholt …

Am Freitag machte ich mich rechtzeitig auf den Weg zur Jannowitzbrücke. Es war wenig Betrieb an der Grenze, Ostern erst in der kommenden Woche. Die Jannowitzbrücke lag nur drei S-Bahn-Stationen entfernt, ich hatte also eine Menge Zeit. Ich stieg jedoch schon am S-Bahnhof Marx-Engels-Platz aus (er sollte in wenigen Jahren schon »Hackescher Markt« heißen) und sah mir die ganzen großen Bilder an, die dort anlässlich der 750-Jahr-Feier aufgehängt worden waren. Außerdem war der »Marx-Engels-Platz« neben »Bellevue« (in dessen Nähe mein Freund Frank wohnte) und dem »Lehrter Stadtbahnhof« (wo ich Postpakete abholen musste) der Dritte im Reigen der historischen Stadtbahnhöfe. Heute könnte man sarkastisch sagen: Es

Das Marinehaus heute, Aufnahme 2019

gab wohl genügend davon, deswegen konnte man auf den Lehrter Stadtbahnhof verzichten und ihn für den neuen Hauptbahnhof abreißen.

Ständig versperrten vorbeirollende S-Bahnen den Blick auf die Bilder. Aber endlich war ich durch, und es war noch immer eine Stunde bis zum Termin. Ich nahm den nächsten Zug zum Alexanderplatz, lief im lauen Frühlingswetter noch einmal um den Fernsehturm und aß eine Bockwurst mit Bautzener Senf und Toast und trank eine Vita Cola. Kaffee mochte ich keinen, ich war aufgeregt genug.

Den S-Bahnhof Jannowitzbrücke kannte ich seit 1982, noch heute besuche ich gern das unweit der Brücke gelegene Marinehaus. Die bodenständige Küche war schon damals das Markenzeichen des historischen Restaurants.

Uwe sah gut aus mit seinem gelben Hemd und seinen rotblonden Haaren, die im Frühlingswind wehten. Ich steckte mir ziemlich nervös eine KARO nach der anderen an, aber Uwes angenehme und fast liebevolle Art machten auf mich einen sehr beruhigenden Eindruck. Wieder redeten wir über alles: von Weltfrieden bis Sozialismus. Und über die für ihn vermutlich eher ungewöhnliche Frage, warum ich mich in Berlin, also in der DDR-Hauptstadt, so wohl fühlte. Ich tippe mal, er war vor allem darauf trainiert, Leuten zu begegnen, die ihm die schrägsten Sachen über sein Berlin und die DDR erzählten und mit den seltsamsten Eindrücken ankamen.

Erst sehr viel später erfuhr ich, dass »Uwe« bei der Hauptabteilung XX des MfS war, die sich vornehmlich mit dem sogenannten politischen Untergrund, mit der Kulturszene, mit der Kirche und dem Staatsapparat beschäftigte, also im weitesten Sinne mit schrägen Vögeln, die nicht unbedingt etwas mit der DDR am Hut hatten. Davon traf nun wohl gewiss nichts auf mich zu.

Uwe wurde ein bisschen direkter. Wenn ich so vieles hier toll fände – ob ich mir vorstellen könne, dafür zu sorgen, dass alles nicht nur bliebe, sondern sich weiterhin im Frieden entwickeln könne. Dass alles noch schöner würde.

Das klang fast wie ein Job-Angebot.

Am Ende lobte mich Uwe dafür, dass ich »Umwege« gelaufen sei, denn ich hatte ihm erzählt, was ich mir vor unserem Treffen angeschaut hatte. Das wäre insofern gut gewesen, als dass ich gewiss bemerkt hätte, wenn mir jemand gefolgt wäre, sagte er. Und dann bat er mich, niemandem von dieser und künftigen Begegnungen zu erzählen. Spätestens jetzt war mir klar, dass Uwe wohl kaum beim Zoll angestellt war.

Wir hatten einen vergnüglichen Nachmittag miteinander, weshalb wir uns erneut verabredeten. Ich verhehle nicht: Es erfüllte mich mit Stolz, nun auch einen »offiziellen Freund« in Berlin zu haben, mit dem es sich vorzüglich über dies und das plaudern ließ, und der obendrein als Mann attraktiv war. Und es störte mich nicht die Bohne, dass niemand davon etwas wissen durfte.

Beim nächsten Mal trafen wir uns am S-Bahnhof Plänterwald. Das hatte in meiner Fantasie schon den Charakter eines Rendezvous. Ich kannte den nahe gelegenen Kulturpark Plänterwald von früheren Besuchen. Wie den Hamburger Dom oder den Wurstelprater in Wien erkannte man den Kulturpark von weitem am Riesenrad, unten gab es alles: von Würstchenbuden bis Dosenwerfen und Karussells. Kollegen von der Frühschicht nahmen mittags ihr Feierabendbier, und die Liebespaare turtelten um die Wette.

Es war Gründonnerstag, am »Bahnhof« gab es mittags nur kleine Schlangen. Die meisten »Verwandten-Besuche« fanden wohl erst am Karfreitag statt. Ich hatte genügend Zeit für eine kleine Straßenbahnfahrt mit der Linie 46 und einen Spaziergang auf meiner geliebten Schönhauser Allee, um auf einem Umweg, wie von Uwe angeregt, zum Plänterwald zu fahren. Ich genoss die mir gut bekannte Strecke mit dem gewohnten Quietschen rund um den Zionskirchplatz. Am Ende der Kastanienallee stieg ich aus, um über die Schönhauser Allee zu spazieren. Auf dem Weg nahm ich eine Currywurst bei Konnopke am U-Bahnhof Dimitroffstraße.

Ich lief dann auf der westlichen Seite der Schönhauser hoch – die war seit langem meine Lieblingsseite. Warum? Keine Ahnung.

An der Ecke Cantian-/Topsstraße befand sich ein großes Fernseh- und Radio-Geschäft mit riesigen Schaufensterscheiben, wo man nicht nur die Auslagen betrachten konnte, sondern auch die Spiegelungen der Häuser, des Verkehrs und des Magistratsschirms, wie die Gleise

Der Magistratsschirm in der Schönhauser Allee, 1979

der hier als Hochbahn fahrenden U-Bahn hießen. Ich bestaunte das Angebot von großen Farbfernsehern, in Kreuzberg hatte ich ein TV-Gerät von 31 cm und in Schwarz-Weiß. Dann lief ich die Schönhauser hinauf, um am Bahnhof eine S-Bahn in Richtung Königs Wusterhausen zu besteigen.

Uwe begrüßte mich herzlich, fragte mich, wie es mir ginge, wie ich die Woche verbracht habe und dergleichen. Wir klönten ein paar Minuten. Aber statt mit mir in den Kulturpark zu gehen, um Abenteuer im Auto-Scooter zu erleben, zeigte er mir seinen braunen Wartburg. Just so ein Gefährt, mit dem Siegmar und ich einmal aus der Einöde eines heißen Sonntags in Seelow gerettet worden war.

Mit einem Rendezvous, wie ich es mir ausgemalt hatte, schien es wohl nichts zu werden. Im Fond saß ein Mann, der sich als »Hermann« vorstellte. Ich war im ersten Moment sehr überrascht – im Nachhinein bin ich das heute aber nicht mehr. In der Rückschau könnte man sagen: ein interessantes Duo, das mit verteilten Rollen spielte …

»Hermann« schien um die 50 zu sein, das leicht gewellte angegraute Haar trug er mit Scheitel. Seine Kleidung: eine langweilige und lieblos ausgesuchte Sakko-Kombination. Sie ließ ihn ein bisschen »altväterlich« erscheinen. Sein Sächsisch verstärkte noch den Eindruck von Provinzialität. Gegen ihn wirkte Uwe modern und großstädtisch.

Wir fuhren eine ganze Weile und landeten in einer Ausflugsgaststätte am Müggelsee.

Ob es *Rübezahl* am Wasser war oder ein Stück weiter im Wald am Müggelheimer Damm: Ich weiß es nicht mehr. In der Folgezeit sollten wir jedenfalls in der einen oder in der anderen Einrichtung wiederholt verkehren.

Es war April und der Himmel bedeckt. Wir blieben auf der Terrasse, obgleich es kühl war und wir darum die Jacken anbehielten. Die meisten Plätze waren leer, von der Speisekarte noch nicht ein einziges Gericht weggefuttert, und die Damen am Tresen waren froh über jeden Gast. So prompte Bedienung habe ich nie wieder in einem Ausflugslokal erlebt.

Das Gespräch bei Kaffee und Kuchen kreiste um die Weltpolitik und was man an ihr ändern könne. Ich war erstaunt, dass mir dabei eine Rolle zugedacht schien. »Uwe« hatte den charmanten Part übernommen, »Hermann« eher den leicht fordernden. Er war in seiner Distanz wahrscheinlich der Chef. Ihr Vorgehen war professionell, und ich war gewiss nicht der Erste, der auf diese Weise ins Boot geholt wurde. Allerdings empfand ich das nicht so. Wir hatten kein »Geschäftsessen« miteinander. Ich hätte mich nicht anders verhalten, wenn ich zwei, drei Jahre klüger gewesen wäre. Ich fand alles aufregend und interessant und sah keinen Grund, mich in irgendeiner Form zu sperren.

Allerdings fragte ich mich insgeheim – und diese Frage beschäftigte mich alsbald nahezu ständig –, wie ich als Anglist und Romanist »dem Frieden« und dem Sozialismus dienen sollte? Welchen Nutzen hätte das Ministerium für Staatssicherheit der DDR von einem unbedeutenden Fremdsprachenlehrer an irgendeinem Gymnasium in Westberlin? In der Bundesrepublik würde ich nicht arbeiten können, denn dann würde man mich als Bundeswehr-Flüchtling holen. (Ich hatte Schwein: Als Westberlin zur Bundesrepublik kam, am 3. Oktober 1990, war meine Zeit abgelaufen. Die Wehrpflicht für Westberliner endete mit dem 26. Lebensjahr. Drei Monate zuvor hatte ich den Rubikon überschritten, ich musste nicht mehr zum Bund.)

An das erste Treffen in einer konspirativen Wohnung erinnere ich mich nur vage. Die KW lag irgendwo im südlichen Teil von Marzahn. Wieder begann die Autofahrt am S-Bahnhof Plänterwald. Ich hatte mir inzwischen angewöhnt, den kleinen Umweg meist über »Pankow Kirche« zu machen. Manchmal verband ich das mit einem kleinen Einkauf, denn die Kaufhalle in Pankow war immer recht gut sortiert. Das hatte mir Siegmar beigebracht. Immer vorbeischauen, die Versorgung der Kaufhallen war doch nicht so uniform wie vermutet.

Marzahn kannte ich bereits ein wenig, ich war öfter mit der 18er Straßenbahn oder mit der S-Bahn hingefahren. Und ich war schon öfter im Auto mitgefahren – aber noch nie war ich die wichtigste Person, die gefahren wurde. Früher war ich ab und zu höchstens ein Fahrgast von Freunden, jetzt war ich scheinbar die *very important person*. Ich saß vorn bei Uwe, Hermann hinten.

Von konspirativen Wohnungen hatte ich schon gelesen, nun saß ich in einer. Alles war sehr aufregend für mich. Meine Gedanken fuhren derartig Karussell, dass ich mich nicht mal an die einfachsten Dinge erinnern kann.

Das Haus hatte drei Fahrstühle, aber bei unserem zweiten Treffen waren Handwerker mit Reparaturen beschäftigt, und so hieß es, zehn Etagen durch ein spärlich beleuchtetes Treppenhaus hochzuklettern. Ich dachte mir in dem Moment nur: Okay, das ist wohl jetzt der Ersatz für den Amtsarzt, zu dem sie mich nicht zur Begutachtung haben hinschleppen können. Wir sprachen auch diesmal über dies und das … Es war eine ungewohnte Umgebung mit unglaublich vielen Eindrücken, ich weiß nur noch, dass wir leckeres Essen und Kaffee bekamen.

In Marzahn unterschrieb ich auch meine Verpflichtungserklärung.

Es schien den Genossen wichtig, dass man den Text, den sie einem diktierten, handschriftlich zu Papier brachte und unterzeichnete. Um den Vorwurf der Fälschung zu vermeiden, um an der Schrift festzustellen, dass man nicht betrunken war oder unter Drogen stand, um sich selbst den Text besser einzuprägen, denn bekanntlich lernen Schüler einen Text leichter, den sie aufschreiben … Ich weiß es nicht.

Damit hatte ich keine Probleme, wohl aber damit, unter welchem Namen ich Berichte und Informationen weitergeben würde. Mir fiel nur der Name meines ehemaligen Liebhabers aus Lille, nämlich »Jérôme«, ein. Uwe und Hermann wunderten sich ein wenig, und Hermann fragte noch lächelnd, ob ich auch immer die Akzente richtig hinbekommen würde beim Unterschreiben.

Ich grinste damals schon, und auch heute kann ich es noch ziemlich gut.

Und dann begann die Ausbildung. »Wen kennst du, mit wem könntest du dich treffen, was könntet ihr besprechen? Vielleicht ein Thema, das für uns interessant ist?« Heute würde ich sagen, ich habe unter Anleitung der beiden gelernt, strukturiert zu kommunizieren. Mir wurde ziemlich rasch klar, dass kein wirkliches Interesse an den Inhalten der Gespräche bestand. Es ging dabei lediglich um kommunikative Übungen. Und ich lernte: Egal, mit wem man sich auch traf – man musste aufgeschlossen für die Interessen und Probleme des Gegenübers sein, man hatte Empathie, vielleicht sogar Sympathie zu entwickeln. Ohne tatsächliche Zuwendung war kein ergiebiges Gespräch zu führen möglich.

Beide erkundigten sich nach meinen Plänen für die berufliche Zukunft – denn nicht jeder, der in Richtung Lehramt studiert, musste auch Lehrer werden.

Nach einiger Beratung meinten sie, nach dem ersten Staatsexamen könnte ich mich für den Auswärtigen Dienst bewerben. Andere Vorschläge fanden nicht meine Zustimmung, diese Option schon. Ich hatte mich schon früher einmal in dieser Richtung kundig gemacht. Eigentlich war das geradezu klassisch für Leute, die Anglistik und Romanistik studiert hatten. Englisch und Französisch waren eine Grundvoraussetzung für eine Beamtenlaufbahn im Auswärtigen Dienst …

Die beiden schienen sich in der Materie offensichtlich auszukennen.

Nachdem wir uns auf diese Perspektive festgelegt hatten, ging es darum, eine überprüfbare und wasserdichte Biografie zu entwickeln. Wir mussten also schöne Geschichten erfinden, die jeden Verdacht zerstreuten oder keinen erst aufkommen ließen, ich würde nicht hundertprozentig zum Grundgesetz und der Bundesrepublik Deutschland stehen. Also mussten alle Hinweise und Bezüge zu einem linken Hintergrund getilgt werden. Ich war niemals auffällig geworden, hatte nirgendwo bei Demonstrationen in der ersten Reihe gestanden, Losungen an Häuserwände gemalt und Flugblätter verteilt und war dabei erwischt worden. Und dass ich mich zu Männern hingezogen fühlte, war kein von der Polizei registrierter Tatbestand. Also, ich hatte eine weiße Weste und musste nun dafür sorgen, dass diese künftig keine Flecken bekam. Und für die häufigen Besuche im DDR-Berlin dachten wir uns Legenden aus.

Auftragsgemäß
entsorgte ich meine
rote Vergangenheit

Im denkwürdigen Jahr 1987 schien die Welt fast noch in Ordnung. Oberflächlich betrachtet. Berlin feierte Geburtstag, Bonn Erich Honecker als Staatsgast, und die Verhandlungen zwischen den Supermächten über die Begrenzung ihrer Atomwaffen erreichten eine neue Qualität. Gegen Ende jenes Jahres verpflichteten sich beide Seiten erstmals, ein Waffensystem gänzlich abzurüsten. Reagan und Gorbatschow vereinbarten, binnen drei Jahren weltweit sowohl ihre landgestützten Nuklearraketen mit kürzerer (500–1000 km) und mittlerer Reichweite (1000–5500 km) als auch deren Abschussvorrichtungen und Infrastruktur zu vernichten und keine neuen herzustellen. (Dieser INF-Vertrag sollte 2019 von beiden Seiten aufgekündigt werden.) Dass dieses Abrüstungsabkommen letztlich auch auf Druck aus Berlin und Bonn zustande gekommen war, vermerkten meine »Ausbilder« nicht ohne Stolz. Nach dem sogenannten NATO-Nachrüstungsbeschluss waren in der Bundesrepublik atomar bestückte Pershing 2 und Cruise Missiles stationiert worden, die Sowjetunion brachte in der DDR SS-20 in Stellung. Beide deutsche Staaten begriffen, dass ihre Territorien in einem Krieg zu einem atomaren Schlachtfeld werden würden. Honecker engagierte sich für eine systemübergreifende »Koalition der Vernunft« und forderte: Das Teufelszeug muss weg! Und als der sowjetische Staats- und Parteichef Tschernenko im März 1985 verstarb, bekräftigten Bundeskanzler Kohl und Erich Honecker in Moskau in einer gemeinsamen Erklärung, dass von deutschem Boden kein Krieg, sondern nur Frieden ausgehen dürfe. Gorbatschow, der neue Mann in Moskau, war nicht über den Inhalt der Erklärung, wohl aber über diese Begegnung erbost. Er missbilligte, dass Honecker noch vor ihm mit Kohl gesprochen hatte, obgleich er dies zu verhindern versucht hatte. In solchen Begebenheiten wurzelte jahrelanger Argwohn zwischen den Führungen in Moskau und Berlin. Gorbatschow misstraute Honecker, weil er fürchtete, die DDR könnte hinter seinem Rücken Geschäfte mit der BRD machen. Und Honecker argwöhnte, dass Moskau sich über die DDR hinweg mit Bonn verständigen könnte. Beide Seiten hatten in ihren Befürchtungen nicht Unrecht. Das aber sollte erst später publik werden, als es die DDR und die Sowjetunion nicht mehr gab.

1987 jedenfalls schien ein gutes Jahr für den Frieden zu werden, und dazu hatten, wie »Uwe« und »Hermann« überzeugt waren, die DDR und auch deren Nachrichtendienst ihren Teil geleistet.

Und ich wurde nun in diese globale Anstrengung gleichsam eingebunden, als ich mich zur Zusammenarbeit mit dem MfS entschloss. Aus freien Stücken und mit Überzeugung.

Und weil »Uwe« ein so toller Mann war.

Das Staatsoberhaupt der DDR auf Staatsvisite in Bonn

Uwe und Hermann brachten mir als Erstes bei, wie ich die »Gepäckschleuse« im Bahnhof Friedrichstraße nutzen konnte. Ganz simpel: Ich gab die Tasche bei der Gepäckaufbewahrung ab und reichte den Zettel, den ich bei der Abgabe erhalten hatte, an den Führungsoffizier weiter. Der holte das Gepäckstück damit ab.

Die erste »Lieferung« war eine in meinen Augen belanglose Studie der Uni, die sich mit Aus- und Übersiedlern aus der DDR und Osteuropa beschäftigte. Sie war luftig zweizeilig gesetzt und enthielt auch sonst viel heiße Luft. Es war kaum mehr als eine Zusammenstellung von Zitaten aus öffentlich zugänglichen Quellen, die zwar einigermaßen aufbereitet und angeordnet waren, aber keine essentiell neuen Aspekte brachte. Und obwohl es also eine für den Nachrichtendienst offensichtlich nutzlose Literaturarbeit war, die bekannte Fakten umwälzte, nutzte ich sie, um mich bei Uwe und Hermann ein wenig interessant zu machen. Ich nehme an, dass sie das wohl auch bei ihren Vorgesetzten taten.

Zwei Aspekte waren bei dieser Übung völlig klar: Zum einen konnte ich keine hundert Seiten Fotokopien unbemerkt durch den Zoll bringen, der neben der Suche nach Drogen auch aufs Finden von Druckerzeugnissen spezialisiert war. Und die beiden hatten mir eingeschärft, dass ich an der Grenze nie erzählen dürfe, was ich für einer sei. Andererseits war meine Aufgabe, völlig unauffällig und entspannt meine Reisetasche abzugeben. Ich war mir ziemlich sicher, dass an der Gepäckabgabe Video-Aufzeichnungen erfolgten. Sie haben mich nie darauf angesprochen, woraus ich schloss, dass ich den Test bestanden hatte.

Die hundert Blatt Papier im Format DIN-A4 waren in ein entsorgungsreifes eingelaufenes hellgrünes Fünfziger-Jahre-Bettlaken geschlagen und in eine ebenfalls uralte Tasche gepackt. Die Sachen hatte ich zum letzten Mal verwendet, als ich beim Umzug schwere Möbel durchs Treppenhaus schieben musste. Das Laken tat seinen Dienst, nun hatte es Löcher. Solche völlig wertlose »Schmuggelware« wollte ich natürlich nicht wiederhaben. Es wäre im unwahrscheinlichen Fall einer Westberliner Zollkontrolle überhaupt nicht erklärbar gewesen, warum ich eine alte Reisetasche mit einem löchrigen Laken aus der DDR nach Westberlin schleppte. Es streiften öfter Westberliner Zollbeamte in Zivil durch die U- und S-Bahn-Züge, die aus der DDR kamen. Meist suchten sie nur nach Tabakwaren und Alkoholika, manchmal hatten sie auch Drogenhunde dabei.

Dass die Genossen von mir verlangen würden, *Die Wahrheit* abzubestellen, hatte ich erwartet. Hermann meinte trocken »Das muss weg!«, und damit meinte er meinen Ruf als SEW-naher Student, der die *Wahrheit* las und KARO rauchte. Trotzdem war das für mich ein ziemlicher Schock. Sollte denn meine »rote Kultur« gekillt werden? Was würden meine Freunde und Bekannten sagen? Später nannten mich einige einen »Wendehals«. Und das war 1990 das mit Abstand schlimmste Schimpfwort, das es gab. Als »Wendehälse« bezeichnete man jene, die zu DDR-Zeiten Rrrrrevolution mit vier und noch mehr R schrieben und überall die rote Fahne raushängten, Tausendprozentige, wie man sie vordem spöttisch nannte. Doch als die DDR vorbei war, machten sie auf dem Absatz kehrt und marschierten sofort in die andere Richtung.

In einer nächtlichen Aktion habe ich weisungsgemäß meine komplette rote Vergangenheit entsorgt. Auf dem Hof stand ein riesiger Müllcontainer für unsere 444 Wohnungen (zumindest laut Heizkostenabrechnung), der alles problemlos schluckte, ohne dass es auffiel. Bis hin zu Kühlschränken und Fernsehgeräten. Die umweltgerechte Entsorgung erfand man erst später. Ich hatte mir für diese Aktion ein Paket große schwarze Müllsäcke besorgt. Darin landete vieles von dem, was mir lieb und teuer war. Weil der Müllcontainer gerade leer war, landete auch alles ganz unten und war schon Stunden später quasi unauffindbar. Dort endete nicht nur die DDR-Fahne, die jahrelang in meinem Flur gehangen hatte, nicht nur alle blauen Bände der MEW, die ich im Studium gebraucht hatte, sondern auch ein sehr persönliches Geschenk: das FDJ-Hemd, das ich zum 19. Geburtstag bei einer Nachfeier in Schildow geschenkt bekommen hatte. Ich zog es damals sofort an, und Inge befand, es stünde mir sehr gut. Im Spiegel sah es auch prima aus. In diesem Aufzug genoss ich mit schmunzelndem Stolz die kleine Feier. Erst für die

Heimreise nach Kreuzberg verschwand das FDJ-Hemd in den Tiefen meiner Umhängetasche. Nun ruhte es im Container.

Die Wahrheit abzubestellen fiel mir ausgesprochen schwer. Ein paar Wochen später habe ich per Werbepostkarte die *FAZ* abonniert – deren Statistik dachte bestimmt, ich sei auf ihre Reklame reingefallen ... Ein wohlmeinender Freund fragte mich leicht irritiert: »Du meinst bestimmt die *Frankfurter Rundschau?*« Die galt als SPD-nah und links. Nein, ich meinte die großbürgerliche *Frankfurter Allgemeine,* er hatte sich nicht verhört. Er rollte ungläubig mit den Augen.

Gut, ich musste das Abo nicht aus eigener Tasche bezahlen. Ab und an steckte mir Uwe einen Schein zu, manchmal auch zwei. Aufs Ganze betrachtet, subventionierte mich das MfS in den zwei Jahren, in denen ich an seiner Leine lief, mit rund viertausend D-Mark. Ich schwöre bei Lenins Bart: Ich habe davon keinen Pfennig für Zigaretten oder Bier ausgegeben, sondern alles in Klamotten für die Zukunft investiert, in der ich gepflegt gewandet sein sollte. Auch ein Plättbrett und ein Bügeleisen legte ich mir davon zu. Das Brett benutze ich noch immer. Es ist nebst ein paar Krawatten das letzte Souvenir aus der Zeit mit Uwe und Hermann.

Natürlich trug ich auch Jeans. Die kaufte ich im wahrscheinlich schrägsten Jeansladen der Welt: einem DDR-Intershop mit einer ganz besonderen Note. Ich mochte ihn nicht nur, weil dort die Levis und Wrangler meist 20 DM billiger waren als bei Karstadt oder Kaufhof und ich auf diese Weise keinen westdeutschen Kaufhauskonzern reich machte, sondern weil ich in einem sozialistischen Land die schon damals billig in Mexiko produzierten Hosen günstig erstand. Dabei war dieser Intershop alles andere denn ein Klamotten-Paradies: Es gab eine gewisse Auswahl an Jeans und Jacken, überteuerte T-Shirts, mehr nicht. Der Laden befand sich im Zwischengeschoss des Bahnhofs Friedrichstraße, also in dem Bereich, der nur von Westberlin aus zugänglich war. Man gelangte über eine Treppe von der Straßenebene, wo sich der Grenzübergang befand, auf die Ebene der Stadtbahn, wo noch heute die S-Bahn und Fernzüge fahren.

Von außen sah der Shop wie ein riesengroßer Kiosk aus, mit mittelgroßen Glasscheiben und den in den Achtzigern beliebten Messing-Rahmen, in den man rechts durch eine Tür hineingehen konnte. Die Schaufenster im leicht vergrößerten Kiosk-Format waren sämtlich mit Textilien dekoriert. Darüber fand sich der unübersehbare Schriftzug *intershop* in den bekannten roten Lettern auf weißem Grund.

Meist hörte die Verkäuferin Radio und las Zeitung bei einem großen Becher Kaffee, wenn ich den Laden betrat. Niemals drängelten sich Kunden. Mir kam es wie eine Verschwendung vor, dass dort eine gelernte Textil-Fachverkäuferin arbeitete. Der Kiosk war klein, es gab keine Tische, nur Wandregale, das alles bei Neonröhrenlicht. Wenn man sich nach eingehender Begutachtung der Auslagen entschieden hatte, bekam man nämlich die perfekte Beratung: »Bei der Wrangler könnte Ihnen die 34 noch passen, aber bei der Levis sollten Sie besser die 36 probieren.«

Es gab keine Umkleidekabine, wohl aber in der Ecke eine große braune Wolldecke in extradicker Jugendherbergs-Qualität, hinter der man die Hose anprobieren konnte, um sich dann dem kritischen Blick der Verkäuferin auszusetzen. Die wusste immer, ob mir die Hose passte oder ob mir vielleicht ein anderer Schnitt besser stünde. Danach bezahlte ich an der kleinen Kasse an dem Tischchen der Verkäuferin und verabschiedete mich höflich. Ich habe diesen Laden geliebt.

Zu den Dingen, von denen ich mich auf Geheiß von Uwe und Hermann verabschieden musste, gehörte auch meine Zigarettenmarke. Die beiden meinten, statt KARO sollte ich Filterzigaretten rauchen. Filterlose seien zu prollig, Filterzigaretten »stünden mir besser«. Ich gewöhnte mich an Benson & Hedges in der goldenen Schachtel, wie es sich für Liberale gehört, und das wurde richtig teuer. Zuerst kaufte ich die britischen Zigaretten nur sporadisch und anlassbezogen, später gab es nichts mehr, was sehr viel günstiger war.

Während meiner Zeit mit Uwe und Hermann hatte ich Beziehungen jeglicher Art vielleicht bewusst gemieden, weil man nie wusste, welches Chaos dadurch entstehen konnte. Aber sonst lief das Leben normal weiter. Von meinem zweiten hat niemand etwas bemerkt. So sollte und musste es ja sein, wenn ich jemals ein nützlicher Kundschafter werden wollte. Ich hatte zwar keine sehr präzise Vorstellung davon, was das später mal bedeuten könnte, aber ich fand die Vorstellung unverändert spannend und anregend.

Nicht immer jedoch ließ sich der Kontakt zur Westberliner Polizei vermeiden, was mir nahegelegt wurde. Edda, meine liebste Freundin und Nachbarin, wohnte gegenüber auf dem etwa 30 Meter langen Gang. Sie war um die 50, trank gern mal etwas mehr, als ihr guttat, und ab und zu schleppte sie auch einen Kerl mit nach Hause. Meist war der deutlich jünger als sie selbst. Einmal war der Lover noch besoffener als sie, weshalb sie ihn rauswarf. Daraufhin randalierte er vor der Tür, irgendjemand rief die Polizei, und als die Streife eintraf, lag er bereits auf dem Linoleum und schnarchte. Die Polizisten machten ihn wieder wach und klingelten

Sturm bei Edda. »Ich glaube, der Herr hat noch seine Schuhe bei Ihnen in der Wohnung.«

Selten bot der Spion in meiner Tür so einen herrlichen Logenplatz!

Ich war 1988 privat in Schottland. Niemand forschte nach mir, ich stand auf keiner Fahndungsliste. Ich war ein Spion in der Ausbildung. Es war die Zeit, in der man als weißer Deutscher am Flughafen London-Heathrow noch nicht einmal den Reisepass aufklappen musste und mit einem Lächeln durchgewunken wurde. Uwe und Hermann nahmen das amüsiert zur Kenntnis.

Nicht minder amüsierte ich mich über die Sendungen von *Radio Tirana*. Ich erinnere mich eines Spätsommerabends in Marzahn. Ich hatte bei Rainer mal wieder Nudeln gekocht, Freunde aus Berlin und Zühlsdorf waren gekommen, und wir quälten beim Rotwein das Radio. Es war 22 Uhr, und ich stellte Mittelwelle 1345 kHz ein. *Radio Tirana* sendete Nachrichten in deutscher Sprache. Die erste Meldung kam meist aus Albanien, wo immer alles in Butter war, die zweite Meldung aus der BRD, wo mal irgendetwas schiefgelaufen war, dritte Meldung, dass in der DDR alles schieflief, vierte Meldung, dass in der VR China nichts funktionierte … Die Genossen in Albanien legten sich mit der ganzen Welt an und sendeten nach dem Prinzip: viel Feind, viel Ehr.

Radio Tirana besaß eine politische Klangfarbe, die ich schon als Jugendlicher als eher belustigend empfand, nur »Stephan Stalin« von der Friedensinitiative Hamburg-Hamm war der Einzige, der den Sender tatsächlich ernstnahm. Dagegen hatte mein *Radio Sofia,* vom anderen Ende des Balkans, immer ein freundlich einladendes Programm, das interessant und hörenswert war. Uwe und Hermann reagierten ausgesprochen entzückt, als ich ihnen von unseren gemeinsamen Abenteuern auf

KW Hellersdorfer Straße 75. In einer dieser Neubauwohnungen, deren heutige Anschrift Teterower Ring 43–45 lautet, mit Blick nach Süden, stand die Balkontür offen, wenn die MfS-Offiziere auf IM »Jérôme« warteten, Aufnahme 2019

der Mittelwelle beim Weinchen in Marzahn erzählte. Warum? Keine Ahnung.

Unsere zweite KW befand sich in einem Haus auf der westlichen Seite der Hellersdorfer Straße, gegenüber dem späteren U-Bahnhof Albert-Norden-Straße. Hausnummer 75, auf dem Türschild stand »Rolf M***«. Bis Juni 1989 musste man noch mit dem Bus von der U-Bahn-Endhaltestelle »Elsterwerdaer Platz«, der am 1. Juli 1988 eröffnet worden war, hinfahren. Das neue Stadtviertel war mitten im Aufbau, man sah viele fleißige Bauarbeiter. Die noch nicht überall fertigen Wege konnten bisweilen recht matschig sein. Ich war neugierig, wie das alles mal aussehen würde, wenn es fertig wäre. Denn jedes Mal, wenn wir uns dort trafen, war wieder etwas Neues entstanden. Seit dem 1. Juli 1989 fuhr die Hochbahn der heutigen Linie U5 bis Hönow. Ich erwähne die Daten der Eröffnungen der U-Bahn-Erweiterung vor allem deswegen, weil ich in Hellersdorf wie auch in anderen Teilen Berlins immer den Eindruck hatte, in einer Stadt zu Besuch zu sein, die sich in einem rasanten Tempo entwickelte. Von Stagnation keine Spur. Zugegeben, das war Berlin, wo die Republik die Kräfte bündelte, die dann außerhalb der Hauptstadt fehlten. Meine wichtigste Frage damals lautete: Wenn die DDR eines Tages fertig sein würde mit dem gigantischen Wohnungsbauprogramm, was käme dann? Das war übrigens auch ein Thema, über das wir heftig miteinander philosophierten. Manchmal schien mir, es mangelte Uwe und Hermann ein bisschen an Fantasie. Sie winkten ab und meinten, es bliebe noch sehr viel zu tun übrig.

Ich habe im Alltag nichts vom Niedergang gemerkt, im Gegenteil: Berlin wurde immer schöner, bunter, interessanter. Es sollte aber die Zeit kommen, in der ich das Gegenteil behaupten musste.

Eines Tages – die Sonne schien, die geöffnete Balkontür verhieß mir freien Eintritt – stand vor dem Haus ein grauer Funkmesswagen der DDR-Post. Zuerst fühlte ich mich an die dämliche Geschichte erinnert, die man sich in Westdeutschland augenzwinkernd erzählte, nämlich, dass mit solchen Fahrzeugen Leute aufgespürt würden, die Fernsehen kuckten, ohne Gebühren zu zahlen. Ich klingelte wie gewöhnlich, und erst im Fahrstuhl dämmerte mir langsam, dass der Funkmesswagen vielleicht mir gelten könnte.

Ich stieg aus dem Fahrstuhl und ließ mich nett begrüßen und bewirten. Während des späten Mittagessens bemerkte ich beiläufig, dass ich mich freue, in einer schönen Gegend abseits der Grenze zu sein. Uwe fragte mit seinem niedlich schelmischen Blick, wie ich das meine. Ich erwiderte nur, dass wir uns früher erst am Bahnhof, dann an der Jannowitzbrücke und später am S-Bahnhof Plänterwald getroffen hatten. So mancher normale Berliner hätte das vielleicht nicht gleich gemerkt, aber ihm hätte doch auch aufgefallen sein müssen, dass wir uns immer in recht geringer Distanz zu Westberliner Gebiet bewegten.

Sein Blick verriet mir, dass er sehr wohl verstanden hatte, was ich meinte. Als ich hinzufügte, ich hätte den direkt vor dem Eingang stationierten Funkmesswagen bemerkt, lächelte er nur verschmitzt und wechselte rasch das Thema.

Auf der anderen Seite bedeutete für mich die Zeit in der Hellersdorfer Straße 75 auch eine Phase optischer Veränderungen: Lief ich in Lille noch in Jeans oder schlabbrigen Anzügen ohne Krawatten und mit ungebügelten Hemden herum, begann nun meine Eroberungstour durch die Westberliner Einkaufstempel mit dem Taschengeld von Uwe und Hermann. Ich investierte mit wachsender Begeisterung im KaDeWe, bei Wertheim, Erdmann oder bei Mientus, dem Nobelkaufhaus, das von außen etwas schmuddelig aussah: Man musste wissen, wo man hinwollte. Meist fand ich dort Sachen im Sonderangebot, die zu meiner künftigen Rolle passten.

Am meisten mochten Uwe und Hermann meinen hellgrauen Glencheck-Anzug von Daniel Hechter, den ich für 299 DM nach einem Tag mit großem Taschengeld günstig bei Erdmann erworben hatte. Aber auch ein dunkelgrauer Anzug der gleichen Marke, den ich für nur 199 DM im Ausverkauf bekam, fand den Beifall der beiden. Dazu musste ich nur noch passende Krawatten finden ... So wurde meine Schlipssammlung immer größer. Heute besitze ich noch ein paar Seidenkrawatten aus meiner Agentenzeit, aber ich trage sie nicht mehr. Dazu kamen immer wieder Hemden (ich liebte meine blauen Burberrys-Hemden für Manschettenknöpfe), sodass ich fast jedes Mal in Hellersdorf neues Outfit präsentieren konnte. Es war zwar immer ein kleines Wagnis, so aufgeplustert durch Berlin zu wandern (unauffällig wäre wirklich was anderes gewesen), aber ich traute mich, und Uwe und Hermann bestärkten mich darin. Wobei ich mir nie sicher war, ob sie meine idealen Modeberater würden sein können. Manchmal erinnerten mich beide an meine Kindergärtnerin, die jedes Bild ihrer Schützlinge schön fand, egal, wie entsetzlich es aussah.

Wegen des Mindestumtauschs, den ich nicht mehr für KARO einsetzen konnte, hatte ich nunmehr auch DDR-Mark übrig für Einkäufe im Warenhaus am Ostbahnhof, das als das modernste der DDR galt. Es war Ende der siebziger Jahre von den Schweden errichtet worden. (Nach der Wende machte sich Kaufhof darin breit, dann ging das Haus an ein österreichisches Unternehmen, aktuell wird es für den Online-Händler Zalando umgebaut.) Die Krawatten dort bekam man übrigens in langen dunkelblauen Papiertüten, aufgedruckt war das Logo des Kaufhauses mit der farbenfrohen Fassade. Das sah mächtig edel aus, im Gegensatz zu den billigen Plastiktüten in Westberlin.

Die KW in der Hellersdorfer Straße ist in der Rückschau für mich ein Synonym für eine anregende, vergnügliche Zeit mit interessanten Diskussionen und spannenden Planungen. Das Ende des Studiums war in Sicht, es mussten die nächsten Schritte besprochen werden.

Mindestens so erkenntnisreich wie die Treffen und Lehrstunden mit meinen Führungsoffizieren war jedes Mal die Anreise. Ich nutzte viele Optionen und Umwege, um Berlin zu entdecken. Nur wenn ich es eilig hatte,

Auf Vorschlag der Führungsoffiziere legte sich »Jérôme« ein neues Outfit zu

bestieg ich am Alex die U-Bahn Richtung Tierpark. Meist jedoch war ich zuvor im Prenzlauer Berg unterwegs. Ich erinnere mich an einen ausgedehnten Spaziergang durch den Ernst-Thälmann-Park, zumal ich als Hamburger eine besondere Beziehung zu »Teddy« hatte und habe. Da schwingt auch Lokalpatriotismus mit.

Ich genoss die solidarische Gemeinschaft in der DDR. Dieses Gefühl der Mitverantwortung und Mitsorge übertrug sich automatisch. Wenn ich mit Bus, Straßen-, U- und S-Bahn unterwegs war, half ich wie alle anderen auch sehr oft »jungen Muttis« mit ihren Kinderwagen die Treppen hinauf und hinab. Ich hielt das jahrelang für völlig normal, bis mir irgendwann bewusst wurde, dass ich in Hamburg oder Westberlin diesen Job nur sehr selten machen musste. An der neuen U-Bahnlinie nach Hönow baute man ebenfalls lange Rampen wie im Westen, um das Kinderwagentragen zu vermeiden.

Hinab war's okay. Den Kinderwagen hinauf zu schieben, kostete viel Kraft. Da griffen die Mütter auf Bewährtes zurück. Und ich stand gern zur Verfügung.

Später zog der schwule Schriftsteller Ronald M. Schernikau ganz in der Nähe unserer KW in der Hellersdorfer ein, nachdem er im letzten DDR-Jahr übergesiedelt war. Das wusste ich damals nicht. Ich hörte davon erst 2016, als ich mit *DKP queer* die Gedenktafel an seinem Haus besuchte. *DKP queer* ist eine Kommission des Parteivorstandes, die sich mit Orientierung, Geschlechtern und Praktiken menschlicher Sexualität beschäftigt.

Das markante Doppel-Hochhaus an der Hellersdorfer, das in meinem Leben eine so einschneidende Rolle gespielt hat, hab ich inzwischen öfter gesehen und auch meinem Mann und anderen Leuten gezeigt. Die Gegend scheint sowieso ausgesprochen gut zu meiner Biografie zu passen: Seit 2012 gibt es, etwa einen Kilometer entfernt, einen Fred-Löwenberg-Platz.

Natürlich wollten öfter auch mal Leute aus Lille sehen, wie ich denn so lebe und wie denn »mein Berlin« aussieht. Zuerst kam Jean-Pierre, der Deutschlehrer, der mich in La Madeleine betreute, mit seiner Frau Claudi. Wir liefen durch Kreuzberg und Charlottenburg, Claudi wollte unbedingt das »Raumschiff« sehen, die Kongresshalle am Fuße des Funkturms. An einem Tag besuchten wir den Osten.

Wir schlenderten Unter den Linden bis zum Alex und dem Nikolai-Viertel am Vormittag, Mittags speisten wir in den *Krusta-Stuben* in einer östlichen Seitenstraße der Schönhauser. »Krusta« hieß die ostdeutsche Variante eines großen Pizza-Stücks, und neben Versionen mit Tomate und Salami gab es auch Varianten mit Sauerkraut und anderen Leckereien. Dort hatte ich auch Andreas und seine Freundin Ricarda kennengelernt, die aus einer unbekannten Welt in Lateinamerika zu kommen schien. Andreas war das, was man einen »Genossenschreck« nannte: Stets trug er einen Flachmann in der Jackentasche, in welchem oft nur Brause war. Und er sah aus wie ein typischer junger Berliner Arbeiter, hatte sogar Löcher in den Hosen. Aber noch nicht so viele und nicht so große, wie sie später modisch wurden. Danach flanierten wir hinauf bis zum Rathaus Pankow, Abendessen gab's im Senefelder mit ungarischem Stierblut.

Anne-Marie kam wenige Wochen später nach Westberlin, es war gerade Karnevalszeit. Wir ertrugen mit viel Bier die Faschingsparty in *Andreas' Kneipe* gegenüber vom KaDeWe. Als wir am nächsten Tag nach Berlin fuhren, beging ich einen blöden Fehler: Wir landeten in einem neuen, aber auf traditionell getrimmten Café im Nikolai-Viertel. Anne-Marie erklärte vorwurfsvoll: »Da fahre ich extra in den Arbeiter-und-Bauern-Staat, und du führst mich in ein stinkbürgerliches Café? Ich will eine Arbeiterkneipe sehen!« Immerhin bekam sie am Abend typisch berlinische Küche im Senefelder, und weil Rainer aus Marzahn mit von der Partie war, musste ich mich im Simultandolmetschen üben.

Meine beiden Lieblingslokale hatten sich während meines Frankreich-Aufenthalts erheblich verändert, woran nicht zuletzt das Berlin-Jubiläum Schuld trug. Auch dort war man der Auffassung, sich herausputzen zu müssen. Ein ziemlich schlimmes Ergebnis konnte ich im Café Schönhauser besichtigen. Vorbei die Zeit der kuscheligen roten Stoffstühle an Vierertischen mit weißen Tischdecken und kleinen Blumenvasen. Jetzt gab es stattdessen überdimensionierte weiße Leder-Sofas, dazu mehr als zwei Meter lange »Couchtische« aus Marmor. Auf den ersten Blick sah das zwar recht modern und ansprechend aus, aber wenn man erst einmal in so ein Sofa tief eingesunken war, hatte man Mühe, mit den Leuten auf der anderen Seite des breiten Tisches zu reden. Wenn man zu zweit kam und sich gemeinsam auf einem Sofa niederließ, war das in Ordnung. Aber man sollte nicht zu viert kommen und mit den Freunden auf der anderen Seite des Tisches reden wollen. Die gewohnte und geschätzte Kaffeehaus-Atmosphäre war dahin, denn weil alle Leute sehr laut mit ihren Gegenübern sprechen mussten, stieg der Lärmpegel erheblich. Gitti und Brigitte vom Personal waren noch da, aber die Klofrau Rita hatte man während der Umbauzeit in eine andere Gaststätte in Weißensee »delegiert«. Gitti gab mir ihre Telefonnummer, ich besuchte Rita am Antonplatz. Sie hatte eine nett eingerichtete Wohnung, das Wohnzimmer erinnerte mich an das meiner Großeltern. Im Westen zählte man Toilettenfrauen zur Unterschicht. Die gab es in der DDR nicht, Rita lebte in der Mitte der Gesellschaft.

Eine echte Verbesserung hingegen war die neue Möblierung im Senefelder. Früher war die Kneipe eher etwas düster ausgestattet, wobei die Stühle mit dicken beigen und farngrünen bis khakifarbenen Polstern sehr bequem waren. Aber es waren letztlich die gleichen Stühle, die auch in Büros standen, nur mit anderen Bezügen. Nun hatten angenehme Eckbänke mit diversen Holztäfelungen und ein paar kleinen Spiegelelementen Einzug gehalten, ganz im Stil der Zeit in Dunkelblau, Mittelgrün und warmem Rubinrot. Egal, wen ich nun dorthin schleppte: Claudi und Jean-Pierre, Anne-Marie, meine Mutter oder meinen guten Freund Frank, oft in Kombination mit Rainer aus Marzahn oder anderen Freunden aus Berlin und Umgebung – sie alle fanden es dort stets sehr gemütlich.

Das Personal im Senefelder war eine Ansammlung von Originalen wie die Gäste auch. Ein Unikum war die gelangweilte bis mürrische Helga (»Bald geh ich in Rente, Citroen steht vor der Tür, was soll ich mich beeilen?«). Stephan hatte sie mit seinen Geschichten gewonnen, indem er von der Kellnerei im Lichtenberger Krug erzählte. Kollegen unter sich, sozusagen. Da wurde sie weich. Hartmut mit gezwirbeltem Schnauzbart war das Faktotum des Stadtbezirks und immer zu Scherzen aufgelegt. Auch mir half er mal aus der Klemme, als ein unfreundlicher Kollege einen unverschämt hohen Preis für den Wein auf die Rechnung schrieb. Zwar hatten wir zu dritt vier Flaschen Stierblut getrunken, waren aber doch noch nicht so hinüber, dass wir den versuchten Beschiss nicht gemerkt hätten.

Meine konspirativen Wohnungen

Ich bedauerte, dass ich meine beiden Freunde vom MfS nie an diesen Freuden teilhaben lassen durfte. Ob es meiner Agentenkarriere geschadet hätte, bleibt eine hypothetische Frage. Aber wir wollten nicht das Schicksal herausfordern. Versucht hab ich's, aber ohne Erfolg. Wir trafen uns nur in konspirativen Wohnungen.

Das waren in der Regel bewohnte Quartiere, die von den Mietern zeitweise für solche Begegnungen dem MfS freiwillig überlassen wurden. Diese Mitnutzung erfolgte unauffällig, nicht einmal Nachbarn sollten davon etwas merken. In den großen Neubaublöcken war das leichter möglich als in den weniger anonymen alten Mietshäusern, in denen es immer langjährige Mieter gab, die jeden Fremden bemerkten, der das Haus betrat oder verließ. Es gab natürlich auch konspirative Wohnungen, die ausschließlich für solche Treffen genutzt wurden. Dafür wurden Legenden verbreitet wie jene, dass der Mieter beruflich viel unterwegs oder auf Montage sei, manchmal auch für längere Zeit im Ausland zu tun habe.

Unsere KW in der Hellersdorfer wurde im Berliner Telefonbuch unter dem Namen geführt, der am Briefkasten und an der Klingel stand. Und jetzt die Pointe:

Dieser Name fand sich auch noch im 1998er Telefonbuch unter der mir bekannten Adresse. Vielleicht gab es den Mieter ja tatsächlich. Gesehen habe ich ihn jedoch nie.

Die KW war eine geräumige Dreiraumwohnung mit Küche und Balkon im 8. oder 10. Stock eines markanten Hochhauses. Das verabredete Zeichen: Ich sollte nur klingeln, wenn die Balkontür geöffnet war. Den Balkon selbst habe ich aus Gründen der Konspiration allerdings nie betreten.

Die Wohnung war mäßig modern eingerichtet. Im Flur hingen an der Garderobe deutlich mehr Jacken, als Uwe, Hermann, die Köchin und ich trugen. Die Küche war groß und hell mit einem Küchentisch, Stühlen und Bücherregal – aber mehr als einen Blick vom Flur aus hab ich nie reingeworfen. Manchmal war die Tür auch angelehnt: Naja, nicht jeder lässt sich gern beim Kochen zukucken. Das Küchenradio dudelte meist meinen geliebten *Berliner Rundfunk*, das Nachmittagsprogramm und seine Sprecher kannte ich gut. Und ich war ein bekennender Fan des DDR-Schlagers, der trotz aller Seichtigkeit oft ein bisschen mehr Realitätsbezug aufwies, als die auch vom *Berliner Rundfunk* gespielten internationalen Hits. Später las ich übrigens in Protokollen vom 14. LDPD-Parteitag 1987, dass sich sogar ein DDR-Promi wie die Sängerin Dagmar Frederic (die ich immer sehr mochte) auf dem Parteitag darüber beschwert hatte, dass in Zeitschriften der DDR internationale Top-Stars, die mal im Fernsehen zwei mäßige Liedchen live sangen, lang und breit Erwähnung fanden, während in derselben Sendung auftretende DDR-Künstler in der gleichen Zeitschrift nur kurz genannt wurden. Sie sprach mir aus der Seele. Mit so einer klugen Künstlerin in einer Partei zu enden – das hätte mir Spaß gemacht. Wobei für meinen Geschmack – nur so unter uns – Gaby Rückert immer die nettesten kleinen Liedchen zum Berliner Alltag sang: von »Seitenflügel Hinterhof« bis »Hochzeit machen«.

Es gab außerdem noch ein Schlafzimmer mit einem Doppelbett, die Tür stand meist offen – sonderlich bewohnt sah das aber alles nicht aus. Auch das Badezimmer machte nicht den Eindruck, als wenn es dauerhaft und ständig benutzt würde, offen lag nur ein Stück Seife rum, und es gab auch nur ein Handtuch. Wobei das Handtuch immer mal eine andere Farbe hatte, frisch gewaschen erschien und, im Gegensatz zu denen in der Herberge von Marie in Charroux, keine Löcher aufwies.

Das Herzstück der KW, das Wohnzimmer, war auch nur mäßig möbliert – Couchgarnitur, zwei Sessel, Couchtisch, Schrankwand, eine orangefarbene Stehlampe, geschmackvoll passend zu den orangenen Vorhängen und dem nichtssagenden Teppichboden. In der Schrankwand ein Bücherregal, das eine bunt gemischte Buchauswahl beherbergte, wie man sie aus Möbelhäusern kennt. Zwei nichtssagende Bilder mit Landschafts-Szenen hingen so unauffällig in ihren dünnen braunen Holzrahmen an der Wand, dass ich mir nicht gemerkt habe, was darauf zu sehen war.

Die Wohnung schien völlig geschmacksneutral eingerichtet, damit sie einerseits leidlich bewohnt aussah (auch für den Fall, dass vielleicht mal Handwerker rein mussten), und um einen gewissen Eindruck von privater Atmosphäre zu erzeugen. Andererseits gab es aber nichts, was von der eigentlichen Arbeit ablenkte. Denn es ging ja nicht darum, es sich gemütlich zu machen. Nie spielte ein Radio (das war immer das Privileg des Küchenpersonals), und ich habe auch nie herausgefunden, ob der herumstehende Fernseher tatsächlich funktionierte. Sogar das Essen war für mich so unspektakulär, dass es kaum von der eigentlichen Arbeit – dem

Hellersdorfer Straße 75 bzw. Teterower Ring 43–45

Kommunizieren – ablenkte. Wenn ich aus dem Fahrstuhl stieg, musste ich eigentlich nur meiner Nase folgen, um auf den richtigen Klingelknopf zu drücken. Schnell lernte ich, dass ich vor den vertrauten Runden am frühen Nachmittag besser nichts aß, denn es gab immer einen leckeren Teller Essen mit Salat, danach ein Dessert mit Kaffee, dazu kalte Getränke. Sogar auf meine Vorliebe für Club-Cola wurde Bezug genommen.

Die Tür des dritten Zimmers blieb verschlossen – ich bin sicher, dass dort Uwe und Hermann ihr Arbeitszimmer hatten, eventuell mit Kommunikations-Hardware. Wenn ich's mir recht überlege: Die MfS-Profis schrieben wohl ihre Treffberichte unmittelbar nach der Begegnung und redigierten sie einen Tag später im Büro.

Die Wohnung in der Hellersdorfer Straße war also erkennbar eine des Typs »unbewohnte KW«. Erst später

lernte ich in der Senziger Straße den Typus »bewohnte
KW, geführt von alten Genossen« kennen.

Während der verflossenen zwölf Monate hatte ich mich
mit den *Sitzungsprotokollen der Jakobiner-Gesellschaft
von Charroux d'Allier* beschäftigt. Das passte zum bevor-
stehenden 200. Jahrestag der Französischen Revolution
1989 – ein Thema, zu dem ich ja schon in Lille gearbeitet
hatte. Gemeinsam in einer kleinen Gruppe von Studentin-
nen und Studenten transkribierten wir große handschriftlich ausgeführte Protokollbände, jede/r ein paar Seiten,
die auf DIN A3 fotokopiert waren. Die verschiedenen
Handschriften der Epoche erschlossen sich mir wie den
meisten erst peu à peu, zu Anfang war es tatsächlich ein
bisschen wie Rätselraten: Ich habe nie wieder so viel über
Handschriften erfahren und ihre Entzifferung gelernt wie
bei dieser Aufgabe. Das half mir später sehr als Referendar, wenn ich verpflichtet war, Handschriften von meinen
Schülern und Schülerinnen zu entziffern.

Der Höhepunkt dieser Arbeit war die Teilnahme an
einem Kolloquium in Charroux, wohin wir mit zwei
TU-Bussen reisten, um unsere Arbeiten vorzustellen.
Und ja, nun lagen die Sitzungsprotokolle der Jakobiner-
Gesellschaft sogar gedruckt vor. Mich interessierte neben
der Geschichte des Städtchens besonders der gesellschaftliche Umbruch in der kleinen Stadt und der Umgang mit den Armen – denn offensichtlich nahmen die
»kleinen Leute« nicht an den Sitzungen der Jakobiner-
Gesellschaft teil. Es waren Zusammenkünfte der neuen
herrschenden Klasse, der Unternehmer und Politiker. Der
alte Adel war draußen, entmachtet, gestürzt.

Mein Interesse rührte sicherlich auch daher, dass ich
bereits einmal über das England des 19. Jahrhunderts
gearbeitet hatte.

Uwe und Hermann hörten nicht nur monatelang gespannt meinen Erkenntnissen zu, sondern bereicherten mit ihren Beiträgen, Fragen und Anmerkungen auch meine Analysen.

Die beiden faszinierte, was man alles aus authentischer Lokalgeschichte erfahren konnte. Wobei sie nicht immer darauf vorbereitet waren. Der »Alltag im Westen« – der vor 200 Jahren oder der aktuelle – war ihnen fremd. Was sich mir später dadurch erklärte, dass sie von der Hauptabteilung XX waren. Die beschäftigte sich überwiegend mit einheimischen Quellen. Woraus sich natürlich die Frage ergibt: Wieso beschäftigten sie sich dann ausgerechnet mit mir, warum hatte mich keiner von der XV oder von der Aufklärung angeworben?

Und nebenbei merkte ich, dass die westliche Propaganda selbst bei ihnen Wirkung erzielte. Bei bestimmten Gelegenheiten spürte ich, dass sie unbewusst davon ausgingen, ich sei »was Besseres« gewohnt. Wie eben angeblich alle Wessis. Dass ich praktisch autofrei großgeworden bin und statt einem Führerschein eine Monatskarte hatte, hielt sie nicht einmal davon ab, über Trabant-Fahrer herzuziehen. Als führe ich im Westen einen dicken Mercedes.

Auch bei einem anderen Thema merkte ich fix, dass Uwe und Hermann die Fernseh-Reklame für bare Münze nahmen. Den beiden war anscheinend überhaupt nicht bewusst, dass angesichts der ständigen Lügen, Übertreibungen und Schaumschlägereien Skepsis in jedem Falle angebracht war.

Das alles ergab immer wieder spannenden Diskussionsstoff, denn ich parfümierte meine beiden Freunde nicht mit dem »Duft der großen, weiten Welt« oder irgendeiner aus der Reklame bekannten Cowboy- oder Lagerfeuerromantik, sondern mit KARO aus dem VEB

Vereinigte Zigarettenfabriken Dresden. Nur wenn ich gerade aus Frankreich kam und noch Restbestände hatte, fanden sie, dass Gauloises doch viel strenger rochen als KARO.

Oh, es gab eine Menge Kleinigkeiten aus dem berühmten »Alltag im Westen« im Bild, das die beiden hatten, die ich erfolgreich korrigieren musste und konnte.

Gelegentlich habe ich mich aber auch gefragt, ob ihre bei manchen Themen durchscheinende negative Haltung zu bestimmten Gegebenheiten in der DDR antrainiert war, um besser mit »kritischen« Einheimischen kommunizieren zu können, oder ob das wirklich ihrer Überzeugung entsprach. Ich vermute mal, dass die Profis von der Aufklärung einen anderen Blick auf die Realität im Westen und auf die in der DDR hatten. Kritischer, aber eben auch realistischer. Die konnten, scheint mir, mit allem besser umgehen, selbst mit Leuten wie unserem verrückten Peter aus Westberlin, der einen Hundehaufen unterm Baum im Prenzlauer Berg viel schöner fand als einen im kapitalistischen Kreuzberg. Mit Verlaub: Scheiße war Scheiße, egal unter welcher Fahne.

Man soll nicht annehmen, dass DDR-Bürger ihre Reiselust nicht bedienen konnten. Mindestens ein Teil der Welt stand ihnen offen. Rainer und sein Prager Freund Milan besuchten sich ständig gegenseitig in den schwulen Metropolen der sozialistischen Welt, Moni hatte in der Sowjetunion studiert, Siegmar bereiste die Weltgeschichte, soweit die Sonderangebote seiner »Reisetante« reichten. Rainer erzählte manchmal schmunzelnd davon, dass er mit dem Rostocker Uni-Chor in einer baltischen Sowjetrepublik einmal vor dem etwas angetüterten Leonid Breschnew gesungen hatte. Der Staats- und Parteichef bedankte sich später mit seiner wenig dezenten Wodka-Fahne bei den Chorsängern. Das Highlight unserer Marzahner Spaghetti-Bolognese-Gespräche war unter anderem Rainers Reise mit dem Trabant nach Bulgarien. Er berichtete detailliert über alle Abenteuer, die er mit Udo, Moni und deren Sohn Alexander auf dem Balkan erlebt hatte.

Lediglich Stephan enttäuschte mich diesbezüglich ein wenig. Nach seinem Einser-Abitur in Neubrandenburg war sein Konto prall gefüllt, und abenteuerlustig, wie er war, wurde er im Reisebüro vorstellig. Die freundliche Dame bot ihm zwei Wochen Mittelasien mit Kamelreiten und allem Drum und Dran an. Er winkte irritiert ab, ich weiß bis heute nicht, warum. Ich hätte mich sehr über Reiseberichte und Fotos aus der mittelasiatischen Sowjetunion gefreut – die ich als Wessi mir nicht hätte leisten können.

Ich fand die Berichte meiner Marzahner über ihre Fahrt nach Bulgarien sehr anregend und unterhaltsam, das weckte meine Neugier, auch einmal mit dem Auto durch die sozialistischen Lande zu fahren. Das hatten sie bemerkt. Ende 1988 machten sie mir ein sehr verlockendes Angebot. Rainer und Udo wollten eine Usedom-und-Polen-Reise mit noch einem Freund machen und fragten, ob ich auch Lust dazu hätte. Mein übergroßes Handicap: Ich besaß keinen DDR-Personalausweis. Mit dem konnte man nämlich an der Ostsee Urlaub machen und fast jeden Tag nach Polen rüberfahren, so man sich vorher die nötigen Papiere besorgt hatte. Das haben die drei dann auch so gemacht, sie waren in Swinemünde und Stettin und berichteten mir von den Wundern der polnischen Küche und aus interessanten Städten und Dörfern. Die Mark der DDR klingelte recht gut auf der anderen Seite der Oder-Neiße-Friedensgrenze, und sie fuhren fast jeden Tag zum Essen nach Polen. Mit einem blauen DDR-Personalausweis ging das prima, für mich hätte so ein Hin-und-her-Reisen hingegen ein unüberschaubares Chaos an Visa bedeutet, die ich gebraucht hätte – denn die immer wieder nötigen Papiere für die Ein- und Ausreise in die und aus der DDR hätten alleine schon einen halben Aktenordner an Papieren gefüllt. Ich fand es ausgesprochen schade, dass ich deswegen nicht mitfahren konnte. Später betrachtete ich ein bisschen wehmütig die Fotos und hörte mir die spannenden Reiseberichte an.

Natürlich wusste ich, dass ich Uwe und Hermann gar nicht erst zu fragen brauchte. Sie hätten mir zwar im Prinzip völlig problemlos die passenden Unterlagen besorgen können, und niemals in 40 Jahren DDR-Geschichte hätte es jemanden gegeben, der mit größerem Stolz seinen nigelnagelneuen blauen DDR-Personalausweis überall an den Grenzen immer wieder vorgezeigt hätte, aber das ging für eine private Vergnügungsreise mit Freunden nicht.

So bleiben mir nur Erinnerungen an ein verpasstes Urlaubsabenteuer.

Agenten-Azubi
und was ich später
werden sollte

Natürlich haben wir viel darüber geredet, wie ich später der DDR nützlich werden könnte. Sollte ich mich nach dem 1. oder 2. Staatsexamen um eine Laufbahn im Auswärtigen Amt bewerben? Meine Sprachkenntnisse sprachen dafür. Auch mein Interesse für andere Länder. Mir bereitete allerdings erhebliche Sorgen, dass die Anwärter beim Auswärtigen Amt in Bonn-Ippendorf »kaserniert« waren: Für einen, der gern in Berlin und Westberlin um die Häuser zog, war das eine gewöhnungsbedürftige Vorstellung. Wo könnte man sich in so einer provinziellen Gegend mal in die Hochbahn setzen und in sein schwules Lieblingscafé fahren? Wobei mich zusätzlich auch sorgte, ob ich dann vielleicht noch zur Bundeswehr müsste.

Nach einem Anglistik- und Romanistik-Studium (das ich später mit der guten, aber auch unspektakulären Note 2 im 1. Staatsexamen abschließen sollte) hätte so etwas ein logischer Weg sein können. Später wäre es möglich, an wechselnden Botschaften oder Konsulaten zu arbeiten.

Man darf dabei übrigens eins nicht vergessen, was heute vielfach übersehen wird: Es war damals in der DDR völlig normal, dass man sich mit professionell berufsberatenden Leuten ausführlich darüber unterhalten hat, was und wo man später mal arbeiten könnte, wollte, sollte. Man erspare mir Details für den DDR-Alltag (von denen ich überdies nur Bruchstücke kenne), aber bekanntlich gab es nie die unglaublich hohen Ausbildungs- und Studienabbrecherquoten wie im Westen. Es war wichtig, in dieser Hinsicht im Vorfeld zu sondieren, und das nicht nur bei »Jérôme«.

Nach 1990 las und hörte ich Klagen von Ostdeutschen, denen der Zugang zu bestimmten Studienfächern und Berufen verweigert worden sei. Sie sahen sich als politische Opfer der DDR. Nun will ich nicht bestreiten, dass es sich so verhalten haben könnte. Mir ist jedoch kein Fall zu Ohren gekommen, dass diese später in der Bundesrepublik ihren Kaderknick korrigierten, wo sie es doch – angeblich – gekonnt hätten. Und ich will gern auf unzählige westdeutsche Biografien verweisen, die nicht die erhoffte Entwicklung nahmen, weil das Geld nicht reichte oder andere Zuwendungen fehlten. 24 Prozent der Studierenden heute sind Arbeiterkinder, mehr als zwei Drittel kommen aus Akademikerfamilien. Allein schon an diesen Zahlen zeigen sich Ungerechtigkeit und gebeugte Biografien.

Wahrscheinlich, so meine beiden Führungsoffiziere, wäre es auch gut, wenn ich Mitglied einer politischen Partei werden würde. Das verspreche politische Bildung, schule die Kommunikationsfähigkeit und schaffe gleichzeitig Kontakte, auf die man immer mal zurückgreifen kann. Das alles könne bekanntlich nicht schaden.

Zaghaft schlug ich die SPD vor, da würde meine rote Vergangenheit am wenigsten auffallen.

Aber bei der SPD, wandten die beiden ein, hätten sie schon genügend Leute. Sie favorisierten die CDU, aber hatten dazu nicht viel mehr Argumente als ihre nackten Zahlen – worauf ich Uwe und Hermann heftig widersprach und sie darauf hinwies: als seit Jahren offen schwul lebender Mann in der CDU, das gehe absolut nicht! Da war man entweder rasend schnell unten durch oder ganz fix erpressbar.

Irgendwie schien es mir, als hätten sie weder ausreichend recherchiert noch großartig Kenntnisse von der Parteienlandschaft im Westen. Ich erzählte ihnen von meinen schrägen Erfahrungen mit CDU und Junger Union in Hamburg. Innerhalb von fünf Minuten einigten wir uns dann – quasi als Kompromiss – auf die F. D. P., eine Entscheidung, die fünf Jahre meines Lebens bestimmen sollte. Immerhin kannte ich da schon ein paar Mitglieder und Ex-Mitglieder, die nicht ganz so fürchterlich drauf waren wie die Politiker im Fernsehen. Bescheidene Anknüpfungspunkte unterschiedlicher Art waren also vorhanden. Nicht zu vergessen: Die Liberalen stellten seit Ewigkeiten die Außenminister der BRD. Sollte der Plan, mich als Langzeitagent in der Außenpolitik zu platzieren, aufgehen, wäre diese Mitgliedschaft keine schlechte Voraussetzung.

Als ich den beiden wenig später meinen blassgelben Mitgliedsausweis der F. D. P. präsentierte, waren sie mächtig stolz und füllten die Sektgläser.

Dann wurde wild spekuliert, was ich für Kontakte knüpfen sollte, die mir später helfen würden, Türen zu öffnen und wichtige Informationen zu gewinnen. Am besten wäre es natürlich, wenn es mir gelingen würde, bei Ministern ein und aus zu gehen. Aber Vorsicht mit den jungen Pferden! Sowohl von den Genossen in Berlin als auch später von einem Freund, der Mitglied einer anderen bürgerlichen Partei war, lernte ich: Wichtig ist vor allem immer, die Bedingung des Möglichen zu schaffen. Erzwingen kann man nichts. Man braucht Geduld und Ausdauer.

Bei aller Euphorie gaben sie die Devise aus: unauffällig auftreten. Neugierig sein, in Maßen dienstbeflissen, aber niemals übertreiben.

Daran hab ich mich in der ersten Zeit in der F. D. P. gehalten. Mein Zeitbudget erlaubte ohnehin kaum mehr. Erst später, als der eigentliche Zweck meines Beitritts wegen des Endes der DDR und ihrer Aufklärung obsolet geworden war, änderte ich das.

Im Frühherbst '89 zogen wir in eine andere KW. Warum die in Hellersdorf aufgegeben wurde, erfuhr ich nicht. Ich glaube auch nicht, dass es etwas mit den Veränderungen in der DDR-Gesellschaft zu tun hatte. Der Kapitän war krank, und niemand wagte es, auf der Brücke das Ruder zu übernehmen. Doch nicht nur der Kapitän war abwesend: Die ganze Führung schien sprachlos. In Prag, Budapest, Warschau und Berlin besetzten DDR-Bürger BRD-Botschaften, um auf diese Weise ihre Ausreise zu erzwingen, in Ungarn schnitten sie ein Loch in den Zaun zur österreichischen Grenze, in Leipzig und anderswo gingen nach sogenannten Montagsgebeten immer mehr Menschen auf die Straßen und forderten Veränderungen ein. Sie demonstrierten nicht für die Abschaffung des Sozialismus, sondern für dessen Verbesserung. Das alles spielte nur am Rande unserer Gespräche eine Rolle. Irgendwie schienen in Berlin die Nachrichten von der Peripherie kaum für Erregung zu sorgen.

Die neue konspirative Wohnung befand sich in der Weichselstraße 3 in Friedrichshain. Das Haus lag fast

Konspirative Wohnung Weichsel- straße 3, die kurzzeitig im Herbst '89 genutzt wurde

an der Straßenecke zur Frankfurter Allee, unweit des gleichnamigen S- und U-Bahnhofs. Die neue Adresse hatte für Uwe und Hermann den Vorteil, dass sie nicht sehr weit entfernt von ihrem Büro in der Normannen- straße lag. Ich kann mich wenig an diese Neubau- wohnung erinnern, die inmitten eines Altbauviertels gelegen war. Sie blieb mir suspekt und fremd. Wir trafen uns dort auch lediglich zwei Mal.

Alljährlich im Januar marschiere ich in unmittelbarer Nähe vorbei, denn die Liebknecht-Luxemburg-Demons- tration nach Friedrichsfelde geht dort entlang. Jedes Mal versuche ich, einen Blick auf das Haus zu werfen.

Wir fanden schließlich ein neues »Zuhause« in ei- nem schnuckeligen kleinen Häuschen nahe dem U- und S-Bahnhof Wuhletal. Besonders nett fand ich die Bewoh- nerin des Hauses, die gut kochen konnte.

KW Senziger Straße 2 in Berlin-Kaulsdorf. Mitten im Dorf und neben dem Friedhof, versteckt hinter Bäumen, lag die KW jwd, »janz weit draußen«, wie der Berliner sagt

In allen konspirativen Wohnungen wurde hervorragend von »alten Genossinnen« gekocht. Ich hab noch nie Details über die Kochkünste der Köchinnen gelesen, die wohl Zehntausende immer wieder in den konspirativen Wohnungen des MfS bekocht haben. Aber das müssen echte »Professionelle« gewesen sein. Ich weiß bis heute nicht, wie es dazu kam, dass ich von vier Köchinnen hintereinander holsteinische Küche mit ostpreußischem Einschlag bekam. Es schmeckte wie bei meiner Oma. Übrigens bis ins letzte Detail: In den Rouladen fand sich nie Speck, sondern geviertelte Gewürzgurken, der Rotkohl war immer sehr süß wie in Ostpreußen, Sauerkraut immer voll Senf, selbstgemachter Kartoffelsalat süßsauer … Die vier Köchinnen, die mich bekochten, taten stets so, als stammten sie aus Thüringen oder Sachsen, zumindest legte dies die Klangfarbe ihrer Sprache nahe.

Doch als Sprachwissenschaftler durchschaute ich sie. Die eine kam vernehmlich aus Schlesien, die andere aus Mecklenburg.

Als es in der ersten KW zum Gulasch Salzgurken gab, war ich sofort hin und weg. Das kannte ich nur von unserer Oma. Offensichtlich war klar, dass ich keinen Sauerbraten mochte, der wurde auch nie aufgetischt. Auch über andere Sachen haben wir uns ein bisschen verständigt. Wobei: Damals war ich 23, ich konnte mich noch nicht gut zum Thema Kochen äußern.

Weiß der Henker, woher sie die Rezepte meiner Familie kannten. Der Gurkensalat schmeckte wie bei Omi, die Senfsoße zum Schellfisch war ähnlich süß, und wenn es im Hochsommer mal Kirschsuppe mit Zwieback gab: Ich schwöre beim großen Lenin, dass ich von DEM Geheimrezept unserer Omi gegen Sommerhitze nie jemandem zuvor erzählt hatte.

Und ebenso wussten sie: Ich mochte zwar Kaffee, aber war kein Freund von Kaffee und Kuchen. Ich zog Salziges dem Süßen vor, mit einem Käsebrötchen zum Kaffee oder ein paar Salzstangen machte man mir immer eine Freude. Uwe und Hermann haben das schon bei unseren ersten Treffen beobachtet.

Mit den Köchinnen, durch die Bank Rentnerinnen, hatte ich keinen Kontakt außer einem freundlichen »Danke, das war sehr lecker«. Wenn ich kam, war die Küchenchefin schon da, und sie ging erst nach mir.

Die Köchin in der Hellersdorfer Straße fragte grinsend beim Abschied: »Was mag der Herr im Anzug nächstes Mal essen?«

Herrjeh, warum konnte sie nicht einfach »Genosse« sagen?

Sie war wohl wirklich eine echte Sächsin und stammte aus der Gegend, wo die »Stadt mit den drei O«

lag, wie manche Leute heute noch zu Karl-Marx-Stadt sagen. Sie kochte bevorzugt Standards aus der ostdeutschen Gastronomie – von Soljanka bis Steak au four –, aber das konnte sie ausgezeichnet. Wir hatten leider nur wenige Male das Vergnügen miteinander.

In den Wirren des Spätsommers 1989 gab es nur Wurst- und Käsebrötchen, aber zum Glück nur zwei Mal. Die KW in der Weichselstraße war wahrscheinlich eine temporäre Notlösung. Das neu errichtete Haus stand mit anderen zwischen Gründerzeit-Häuserblöcken, war eher zweckmäßig als schön. Wobei: Zu jener Zeit über eine Wohnung mit Innenklo, Bad und Zentralheizung zu meckern wäre wirklich unpassend gewesen. Ich hatte oft genug in Westberlin bei Geburtstagspartys von Freunden die Außenklos »auf der halben Treppe« benutzt und wusste daher solchen Komfort ausgesprochen zu schätzen.

Das kleine Häuschen in der Senziger Straße nahe dem U- und S-Bahnhof Wuhletal war sehr kuschelig, es war in den sechziger Jahren eingerichtet worden. Vermutlich wohnten dort »alte Genossen«. Oft dudelte einem schon im Hausflur mein geliebter *Berliner Rundfunk* aus dem Küchenradio entgegen, wenn ich eintraf, und das ganze Haus duftete nach leckerem Essen. Nicht zubereitet von einer »professionellen Köchin« – die Frau des Hauses kochte selber.

Finale DDR

Im Oktober wurde der Kapitän gewechselt, im November die Führungsmannschaft, im Dezember demissionierte der Rest. Auf einem Sonderparteitag hisste die SED die weiße Fahne. Der Ministerrat bekam eine Überregierung in Gestalt eines Zentralen Runden Tisches, der die Auflösung des Ministeriums für Staatssicherheit anordnete. Es gab offenkundig eine gesellschaftliche Verabredung, das MfS für alles verantwortlich zu machen, was in der Vergangenheit in der DDR schiefgelaufen war. Die Stasi stand am Pranger. Sie war faktisch der Sebastian, der Hauptmann aus der Leibwache des römischen Kaisers Diokletian, der ihn zum Tode verurteilte und von Bogenschützen erschießen ließ, weil er sich zum Christentum bekannt hatte. Wir kennen die martialischen Darstellungen des von Pfeilen durchbohrten Mannes. Sebastian war aber nicht tot, weil er von einer Frau gesundgepflegt wurde. Daraufhin befahl der Kaiser, ihn mit Keulen zu erschlagen. Seinen Leichnam warf man in den städtischen Abflussgraben, die Cloaca Maxima, die in den Tiber mündete ...

So ungefähr behandelte man die offiziellen und inoffiziellen Mitarbeiter des MfS.

Im Januar '90 stürmte man die Zentrale in der Normannenstraße, im März wurde ich entpflichtet, im April eine Regierung ins Amt gebracht, die der Okkupation ein demokratisches Mäntelchen verpassen sollte.

Was immer Uwe und Hermann im März und April 1990 noch taten: Es war nichts, was sie mir vorgaben zu tun. Sie nahmen wohl mit sowjetischen Genossen im Hauptquartier in Karlshorst Kontakt auf in der vagen Hoffnung, in irgendeiner näheren bis ferneren Zukunft sinnvoll an der »unsichtbaren Front« arbeiten zu können. Es wehte ein sanfter Hauch von Illegalität durch unsere Gespräche, und Geschichten aus Zeiten der Verfolgung von Staats wegen kannten Kommunisten in Deutschland nur allzu gut.

Es kreuzte bei mir ein sowjetischer Genosse aus dem Süd-Ural namens Waldemar auf, einer aus dem mittleren Management des KGB mit militärischem Hintergrund. Uwe und Hermann schleppten ihn an. Er war um die vierzig und trug Glatze. Als Mann war mir Waldemar nicht unsympathisch, und ich hätte ihn auch gern mal in Uniform gesehen, vielleicht auch einmal ohne Hemd. Er wohnte vermutlich in Karlshorst, genoss somit Immunität vor deutschen Behörden. Dummerweise war sein Deutsch zwar für Alltagskommunikation einigermaßen geeignet, und blöde war er nicht, aber es reichte nicht hin und nicht her, um kompliziertere Dinge miteinander zu besprechen. Das fällt natürlich einem Fremdsprachenlehrer besonders schnell auf. Weitermachen mit Waldemar?

Für mein erstes Date allein mit Waldemar trug ich meinen grauen Glencheck-Anzug aus dem KaDeWe, dazu mein blaues Burberrys-Hemd mit den von einem Großonkel geerbten silbernen Manschettenknöpfen mit Perlmutt, dazu eine meiner englischen blau-gelben Seidenkrawatten eines gehobenen Westberliner Herrenausstatters. Es war ein herrlicher Tag Anfang Juni,

und weil ich mich immer nach »unauffälligen Leuten«
umsehen sollte, wie mir Uwe und Hermann einst rieten,
war ich am Mittag vom Alexanderplatz zum U-Bahnhof
Schillingstraße die Karl-Marx-Allee entlang flaniert,
als wäre ich ein Tourist, der die moderne Architektur
bewunderte.

Ich wusste, unsere Beziehung hatte keine Zukunft.
Ich brach die Verbindung ab. Die – heute »Putin-Connec-
tion« genannten – Beziehungen flogen ziemlich schnell
auf, weil irgendwelche umherirrenden arbeitslosen
»Genossen« überall Leute erpressten und ihr Wissen
an die westlichen Geheimdienste und Nachrichtenma-
gazine verkauften. Aber nicht nur deshalb sollten sich
im Sommer unsere Wege trennen.

Nach mehreren Aufnahmegesprächen bekam ich
im Januar 1990 meinen Mitgliedsausweis der F. D. P.
zugeschickt. Da ich während dieser Monate mit meiner
Staatsexamensarbeit beschäftigt war, hatte ich nur ein
halbes Ohr für öffentliche und politische Vorgänge. Darum habe ich diese damals wichtigen Monate nicht in
ihrer ganzen Komplexität mitbekommen. Ich kannte nur
die Zeitungsberichte aus der *FAZ*, die von sehr unterschiedlicher Qualität waren, in *ARD* und *ZDF* tummelte
sich ein Haufen von Journalisten, die wohl die Volks-
kammerwahl vom Westen aus vorbereiten wollten, und
das DDR-Fernsehen präsentierte inzwischen eine unglaublich platte Mischung von Leuten, die behaupteten,
sie wollten endlich mal in Urlaub fahren, und anderen,
die nicht mal ein Auto besaßen. Man hätte ihnen schreiben sollen: Wenn sie noch mehr Leute zeigen möchten,
die nicht in Urlaub fahren und kein Auto haben, sollten
sie doch einfach mal nach Hamburg-Hamm fahren. Aber
das entsprach damals nicht dem Zeitgeist, wo es nur so
von Stasi- und DDR-Opfern wimmelte.

Ich wurde ein recht unauffälliger, aber interessierter Parteifreund, ganz nach Anleitung und Empfehlung verschiedener Bekannter aus bürgerlichen Parteien.

Wie wurde man eigentlich ein Liberaler? Diese Frage wurde mir später oft gestellt. Wie kann man als normaler Mensch dagegen wettern, dass es zu viel Soziales gibt, zu starke Gewerkschaften, Tariflöhne und diese ganzen anderen Sachen? Die Antwort ist nicht einfach; ich hab mich einfach treiben lassen. Wichtig war eigentlich nur, die *FAZ* sehr intensiv zu lesen und viel Westfernsehen zu kucken. Während sich viele DDR-Bürger noch an den unglaublich mannigfaltigen Diskussionen an »Runden Tischen« beteiligten, andere begierig darauf warteten, dass endlich die D-Mark käme, leistete sich sogar die *FAZ* zwei parallele Meinungsstränge. Während eine Journalistin, deren Namen ich aus gutem Grunde vergessen habe, die ganze Litanei aus dem Kalten Krieg von vorn bis hinten herunterbetete, zeugten die Berichte von Peter Jochen Winters zumindest von einem gewissen Grundverständnis für die aktuellen Verhältnisse. Wobei mir auch seine Artikel eher ein bisschen nach Geflunker aussahen: Wann hätte es in der BRD jemals »Runde Tische« gegeben, wo Minilöhner und Armutsrentner gemeinsam mit der Regierung ihr Leid besprachen und gemeinsam nach Lösungen suchten? Wie naiv und blöd waren damals die Leute in der DDR eigentlich?

Ja, man konnte sich damals wirklich auf den Wellen einer Meinungsmache treiben lassen, die den von vielen verehrten Michail Gorbatschow zum Kronzeugen aufrief. Die Betriebe in den sozialistischen Ländern seien nicht wettbewerbsfähig – das war der Kern des damals allgemein gültigen Glaubensbekenntnisses. Aber wie sollten sie das auch jemals sein? Wenn man will, dass ein Betrieb einen Kindergarten vorhält (womöglich sogar

Passbild aus dem Führerschein, der endlich 1991 erworben wurde

24 Stunden für schichtarbeitende Muttis), wenn man will, dass die Betriebskantine Essen frisch zubereitet, dass sich ein Betriebsarzt um die Kollegen kümmert, dass es womöglich noch Kulturangebote gibt ... Dann wird selbst dem Naivsten schnell klar sein, dass solche Betriebe mit Tariflohn, Sozialleistungen und einer Reihe an »arbeitnehmerfreundlichen« Extras schlecht mit Unternehmen konkurrieren können, die all das nicht bieten wollen, weil sie Maximalprofite und Rendite für die Aktionäre produzieren müssen.

Das unappetitlichste Thema, das ich schon im Religionsunterricht in der Grundschule kennengelernt hatte, betraf den gesamten Komplex der Waren aus Ländern, wo es erst recht nicht all das gab, auf das DDR-Bürger doch so großen Wert legten. Wer billige Bananen, Apfelsinen und Kaffee wollte, der musste sich eben damit abfinden, dass sie unter zweifelhaften bis unmenschlichen Bedingungen erzeugt wurden. Um das zu ändern, gab es in vielen westdeutschen Kirchengemeinden »Dritte-Welt-Kreise« – aber die Solidarität mit der sogenannten Dritten Welt stand 1990 nicht auf der politischen Agenda. Der deutsche Michel blickte vorzugsweise auf den deutschen Nabel ...

Es gehörte eine gehörige Portion Ignoranz gegenüber den Problemen der Welt und des Landes dazu, 1989 die Mitgliedschaft in der F. D. P. zu beantragen. Ich musste meine gesamte humanistische und christliche Erziehung vergessen, alles, was mit diesem ganzen Sozialkram oder gar der Bergpredigt zu tun hatte. Statt »Helft den Armen« hatte ich nun »Helft den armen Unternehmen« zu denken und zu fordern. Und wenn es allzu unmenschlich wurde, weil jemand die Verarmung der Leute unter Thatcher oder Pinochet pries, musste ich, um nicht den Neoliberalismus zu geißeln, der sich global ausbreitete, den Mund halten.

Besonders wichtig war damals auch, immer wieder gebetsmühlenartig zu betonen, dass sich Ostdeutsche und Osteuropäer erst einmal daran gewöhnen müssten, anständig und hart zu arbeiten, wie es angeblich die Westdeutschen schon immer taten. Das war damals der Schlüssel zu allen weiteren Geschichten, mit denen Ostdeutschen und Osteuropäern sehr rasch und sehr drastisch klargemacht wurde, dass sie keinesfalls gleiche Behandlungen und alle Segnungen der westlichen Welt erwarten sollten. Wichtig war, dass die fleißigen Bauarbeiter, die die Neubaugebiete von Berlin über Burgas bis Wladiwostok errichtet hatten (und die mehrheitlich heute noch stehen) und all ihre Kollegen in Industrie und Landwirtschaft nicht auf die Idee kämen, in ihrer Naivität so etwas wie normalen Lohn zu verlangen, wenn sie in den Westen kamen, nachdem ihre Unternehmen von der Treuhand und von der Konkurrenz in Westdeutschland in die Grütze geritten worden waren.

Ich schwamm mit der Masse, die sich nach einem Leben sehnte, das es nur im Fernsehen gab: Alle wohnten in schönen Häusern in Grünwald, hatten zwei bis drei BMW in der Garage stehen, und die einzige Angst, die sie kannten, war die vor dem Verlust ihres Wohlstands, den viele erträumten, aber keineswegs besaßen. Diese absurde Furcht wohnt heute in der Mittelschicht. Und darum wählt sie manchmal AfD.

Ich schrieb meine 1. Staatsexamensarbeit im Bereich Sprachwissenschaft. Linguistik war politisch wenig problembehaftet, außerdem lag mir das Thema, das ich mir selber hatte aussuchen dürfen: Wortbedeutung und Bedeutungsänderung in amerikanischen Polit-Talkshows. Ich hatte schließlich CNN im Kabelfernsehen.

Am 8. November 1989 erhielt ich per Einschreiben offiziell das Thema inklusive des Termins der Abgabe in vier Monaten.

Täglich zeichnete ich fortan die CNN-Talkshow »Crossfire« auf.

Die Amerikaner glänzten nicht nur mit einer sehr aktuellen Sendung am 9. November. Auch an den Tagen danach diskutierten sie die Grenzöffnung in Deutschland und die sich daraus ergebenden Konsequenzen. Sie hatten dazu auch etliche prominente Gäste, etwa Altbundeskanzler Helmut Schmidt, Ex-Außenminister Henry Kissinger und Ex-Wirtschaftsminister Otto Graf Lambsdorff.

Ich hatte keine Mühe, die Arbeit bis zum 9. März 1990 fertigzustellen und erhielt für sie 15 Punkte, also die Note 1+.

Probleme bereitete mir allenfalls die Tatsache, dass ich die mehr oder minder offiziellen Begrifflichkeiten wie Berlin (West) und Ost-Berlin verwenden musste. Das ging mir gegen den Strich. Die Hauptstadt der DDR erschien in dieser Formulierung als Anhängsel Westberlins.

Wie in jeder wissenschaftlichen Arbeit musste auch ich meine Quellen benennen, allerdings war ich nicht gefordert, jede inhaltliche Konsultation und Anregung explizit auszuführen. Das hätte weder Uwe noch Hermann gefallen, und ich fürchte, dass das auch mir nicht sonderlich gut bekommen wäre.

Und wo war ich an jenem 9. November 1989?

Ich saß zwar nicht wie Angela Merkel in der Sauna, war aber gleich ihr nicht besonders angerührt oder gar elektrisiert, als ich in der *Aktuellen Kamera* des DDR-Fernsehens die Pressekonferenz mit Schabowski sah. Die war ziemlich langweilig, nahezu einschläfernd. Nach etwa einer Stunde kam er auf die neue Reiseverordnung zu sprechen, und Peter Brinkmann von der *BILD* fragte nach, ab wann diese Regelung gelte, worauf Schabowski antwortete, nach seiner Kenntnis ab sofort, unverzüglich. Da hob kein Brausen und Jubeln an, die Sendung ging zu Ende und die Journalisten liefen müde auseinander.

Im Laufe des Abends telefonierte ich mit meinem Freund in der CDU, und der meinte, er müsse jetzt mal die *Tagesthemen* in der ARD schauen, irgendetwas solle da an der Mauer vor sich gehen. Das Telefonat war also kurz, und ich hatte den Kopf voll mit meiner Arbeit. Ich programmierte meinen Recorder auf 1.30 Uhr – »Crossfire« lief von 19.30 bis 20.00 Uhr Ostküstenzeit. Dann ging ich müde ins Bett.

Am Freitagmorgen stellte ich mich unter die Dusche, wie immer lief der *Berliner Rundfunk*. Das Morgenprogramm war anders als gewohnt. Es kamen Live-Reportagen, Stimmen von aufgeregten Menschen waren zu vernehmen, die immer wieder »Waaaahnsinn, Waaaahnsinn!« riefen und sich kaum einkriegten. Was war da los? Ich machte den Fernseher an und sah Menschenmassen, die in die Kamera jubelten und die Reporter bedrängten.

Ich fuhr vom Gleisdreieck mit der Hochbahn zur Universität am Ernst-Reuter-Platz. Alles schien wie immer, nichts Auffälliges. Ich war ein wenig verwundert, weil alles völlig normal wirkte. Hatten sie im Fernsehen mal wieder maßlos übertrieben?

Von 10 bis 12 Uhr nahm ich am Psychologieseminar in der Franklinstraße teil, danach wollte ich wie üblich zum Frisör in die Chausseestraße und zuvor noch einen Happen essen. Am Bahnhof Tiergarten bestieg ich die S-Bahn. Die um diese Uhrzeit sonst mäßig besetzte Bahn war deutlich voller als sonst, ich fand dennoch einen Sitzplatz. Neben mir saß einer, der einen Karton auf dem Schoß hielt, der Aufdruck deutete auf den Inhalt: ein Video-Rekorder. Er sprach mit seiner Nachbarin, vermutlich seiner Frau, ich hörte Worte wie »Schnäppchen« und »Begrüßungsgeld«. Diesen Begriff kannte ich nicht. Schon bald erfuhr ich, dass damit die 100 DM gemeint waren, die jedem DDR-Bürger in die Hand gedrückt wurden, sobald er sich bei einer Bank meldete. Der Westen kaufte sich Zustimmung. Es sollte nicht lange dauern, bis die meisten begriffen, dass es sich um ein Danaergeschenk gehandelt hatte. Auch wenn sie den Begriff vielleicht nicht kannten, so hatten alle gewiss schon mal vom Trojanischen Pferd gehört, das die Danaer, wie Homer die Griechen nannte, bei ihrem angeblichen Rückzug zurückließen. Die Trojaner rollten beglückt das hölzerne Pferd in ihre Stadt, nachts schlüpften die darin verborgenen Soldaten hervor und öffneten den griechischen Truppen die Stadttore. Auch die Hundertmark-Scheine waren so eine Kalte-Kriegs-List, mit der die Angreifer aus dem Westen ihre wahre Absicht tarnten.

Mein Stammsalon in der Chausseestraße 17 – Waschen, Schneiden, Föhnen für 7,80 Mark, mit »Eiswasser«, das ich nie mochte, 8,10 Mark – sah fast so aus wie immer: sechs Frisierstühle, davor gut zehn Stühle im Wartebereich. Keine Blumen, aber mehrere Aschenbecher. Weil es ein Herrensalon war, gab es keine Trockenhauben. Zum Waschen beugte man sich nach vorn über das Becken. Erst viel später sollte ich in München Frisiersalons kennenlernen, wo man den Kopf rückwärts in ein Becken legte, was heutzutage üblich ist. Das Prozedere hatte und hat für mich etwas von Waterboarding. Jener Foltermethode, die die Amerikaner praktizierten, um den Opfern das Gefühl zu vermitteln, sie würden ertrinken, indem man ihnen Wasser über ihr mit einem Tuch bedecktes Gesicht fließen lässt.

Die Stimmung im Herrensalon war unaufgeregt, dennoch ungewöhnlich. Ich war der einzige Kunde und kam auch gleich dran, obwohl nur eine einzige Frisörin zugegen war. Ich kannte sie schon seit Jahren, aber wir sprachen kaum miteinander. Ich gehörte nicht zu den plappernden Kunden und unterschied mich darin von den anderen. Vermutlich galt ich auch sonst als komischer Vogel. Sie hatte mal am Beginn unsere Bekanntschaft einen Kommunikationsversuch unternommen und gefragt, ob ich Student sei und aus besseren Verhältnissen käme. Offenbar hielt sie mich für einen Landsmann, was mir schmeichelte, denn ich wollte nie auffallen, schon gar nicht in der DDR. Ich liebte es, mich unerkannt zu bewegen, auf diese Weise erfuhr ich mehr über das reale Leben in der DDR denn als Tourist von drüben.

Nach dem Frisör fuhr ich mit der Straßenbahnlinie 18 in die Schwarzburger Straße, um Rainer und Udo in Marzahn zu besuchen. Doch niemand öffnete auf mein Klingeln.

Ich fand eine Telefonzelle, warf eine 20-Pfennig-Münze ein und wählte Monis Nummer. Udos Ex-Frau lachte in die Muschel: Die Jungs werden wohl alle nach Westberlin gefahren sein.

Frustriert fuhr ich zum Grenzübergang in Mitte. Dort stand keine Schlange, sondern eine Traube von Menschen drängte sich davor. Scheiße, dachte ich und schaute auf die Uhr. Es war gegen sieben.

Da rief einer von den Grenzern über die Köpfe der Wartenden und Drängenden hinweg: »Alle mit Visum bitte hierher!«

Das galt auch mir. Ich schob mich durch die Menge.

In meinem Stoffbeutel hatte ich Hackfleisch und Tomatenmark aus der Kaufhalle in Marzahn. Das hatte ich für das geplante und nunmehr ausgefallene Nudelessen gekauft. Ferner hatte ich HELA-Ketchup aus Westberlin und Provinzkräuter aus meinem Gewürzladen auf der Schönhauser Allee dabei. Der junge Genosse vom Zoll nahm eine Nase voll und hörte meine Erklärung an. Er kam offenkundig aus Thüringen, das Uniformhemd spannte sich vor seiner Brust, Haare quollen zwischen den Knöpfen hervor und auch unter der Mütze. Er war in meiner Größe, lächelte verschmitzt zu meinen Worten … Dann winkte er mich durch.

Die total überfüllte S-Bahn brachte mich zum Anhalter Bahnhof.

Ich sah mir die aufgezeichnete »Crossfire«-Sendung aus der Nacht an und beschloss, noch ein Bier trinken zu gehen bzw. zu fahren. Normalerweise fuhr mein 29er Bus freitags alle zehn Minuten. Jetzt kam aller zwei, drei

Minuten einer – und fuhr an der Haltestelle Reichpiet-schufer / Ecke Köthener Straße vorbei. Die Doppeldecker-busse waren hoffnungslos überfüllt. Der 29er kam vom Hermannplatz und hatte schon das östliche Kreuzberg und die Grenzübergänge Heinrich-Heine-Straße und Friedrichstraße (Checkpoint Charlie) abgefahren, wenn er mich in die Innenstadt Westberlins mitnahm. Es gab am Tag und erst recht in der Nacht stets ausreichend Sitzplätze, ich musste in all den Jahren nicht ein einziges Mal stehen. Das war Geschichte.

Nach einiger Zeit sinnlosen Wartens machte ich mich zum ersten und zum letzten Mal in meinem Leben zu Fuß in meine Schöneberger Lieblingskneipe auf. Das Lokal in der Fugger-, Ecke Welserstraße war zum Bersten gefüllt wie die Busse. Auch meine Marzahner Nudelrunde – was für ein Zufall! – hatte sich dort ein-gefunden, ich hatte den Jungs ja oft genug von meiner Stammkneipe im Westen berichtet. Obendrein sah ich zwei alte Bekannte aus dem Bezirk Neubrandenburg, die ich in Schildow kennengelernt hatte. Es war lange her, aber auch sie hatten sich erinnert, wo ich im Wes-ten verkehrte.

Ende 1989 lud mich Karin, eine Kollegin von Moni, zu ihrer Geburtstagsfeier ein. Sie war Krankenschwester und hatte einen etwa zehn Jahre alten Sohn, mit dem sie in einer hübsch eingerichteten Zwei-Zimmer-Wohnung in Marzahn lebte. Feiern dieser Art waren noch vor Wo-chen stets stark frequentiert. Jetzt strömten alle aus dem Osten in den Westen und hatten andere Ziele. Ich war Karins einziger Gast. Nicht einmal Moni war gekommen. Karin hatte ein wunderbares, üppiges Büfett vorbereitet.

Das Beste an jenem Abend war die naseweise Frage ihres Sohnes im Schlafanzug, bevor er ins Bett ging.

»Mama, wann hört denn das mal wieder auf? Bei Honecker warst du immer pünktlich zuhause, jetzt musst du Überstunden machen. Ich weiß nie, wann du nach Hause kommst!«

Die Fluktuation beim medizinischen Personal in Berlin war gewaltig, stärker noch als in anderen Bereichen. Dem Gesundheitswesen der DDR gingen Ärzte und Schwestern in den Krankenhäusern und in den ambulanten Einrichtungen aus. Im Frühjahr 1989 hatte das MfS analysiert: Vor allem 30- bis 45-jährige fachlich gute Ärzte, ein Viertel davon in Leitungsposition, verließen die DDR »ungesetzlich«; das heißt, sie kehrten von Westreisen nicht zurück. Dort waren ihnen exklusive Angebote gemacht worden, weil in der Bundesrepublik Ärzte fehlten. Dem Bericht einer Arbeitsgruppe des Gesundheitsministeriums zufolge unterschieden sich die Ausreiseanträge im Gesundheitswesen von jenen anderer »gesellschaftlicher Bereiche«. In den Formulierungen der Anträge zeige sich, dass die Antragsteller »abgestimmt« vorgehen. Die Ausreisewilligen wüssten bereits zum Zeitpunkt der Antragstellung, »wohin sie in der BRD gehen und was sie dort für eine Tätigkeit ausüben werden«.

Die in der DDR zurückbleibenden Schwestern und Ärzte, denen ihre Patienten wichtiger waren als ein höheres Gehalt, schulterten auch diese Last und arbeiteten für drei oder vier Abgehauene.

Ich habe Karin leider nie wiedergesehen. Sie machte einen patenten Eindruck und war in einem öffentlichen Krankenhaus beschäftigt – was vielleicht eine gewisse Garantie bot, nicht wie so viele andere in die Arbeitslosigkeit entlassen zu werden.

Uwe und Hermann
tauchen unter

Wie Karin, so verschwanden auch Uwe und Hermann aus meinem Gesichtsfeld. Seit Ende April hörte ich nie wieder etwas von ihnen. Sie blieben einfach weg und waren nicht mehr da. Erst vor wenigen Jahren erfuhr ich von Wolfgang Schmidt von der HA XX, dass die beiden bereits in den frühen 90er Jahren nach Westdeutschland gegangen seien und mit ihrem früheren Leben abgeschlossen hätten. Das war verständlich, wenn sie sich ein neues Leben aufbauen wollten, besser: mussten. Der norwegische Polarforscher Fridtjof Nansen war der Meinung, man müsse die Schiffe hinter sich verbrennen, um keine Zeit mit Zurückschauen zu verlieren. Uwe und Hermann hatten die Schiffe verbrannt und wünschten keine Kontakte in die untergegangene Welt. Und im Unterschied zu anderen hielten sie auch die Klappe und verrieten niemanden. Zumindest wurde mir dergleichen nicht bekannt.

Der Bruch traf mich vermutlich härter als sie. Ich war auf meine Führungsoffiziere fixiert, sie aber werden wohl nicht nur mich als Inoffiziellen Mitarbeiter geführt und sich langsam auf eine für sie interessante Tätigkeit in der Bundesrepublik vorbereitet haben. Ich stand zudem erst am Anfang einer Agentenlaufbahn, war ein wenig beschriebenes Blatt. Sie spielten in meinem Leben eine größere Rolle als ich in ihrem. Auch wenn sie immer nett und freundlich waren, trotz individueller Zuwendung und Aufmerksamkeit: Es war für sie ein Job, keine Liebesverbindung. Ich bin mir sicher, sie fischten stets auch nach neuen und unterschiedlichen Kontakten.

Was die beiden in ihrem neuen Leben machten? Keine Ahnung. Ich will hoffen, dass Uwe nicht Möbelpacker werden musste, was er Anfang 1990 mal beiläufig erwähnte. Damals hatte er sich auf eine solche Stelle beworben. »Stasi in die Produktion« nahm er wörtlich. Was für eine Verschwendung – ein so intelligenter, charmanter Mann!

Nachdem der sowjetische Genosse aus dem Süd-Ural verschwunden war und in der Senziger Straße niemand öffnete, zog ich in meinem dritten Lehrjahr als Westagent die Notbremse. Später hieß es – wobei ich nicht weiß, ob es sich um eine zweckdienliche Propagandalüge der BStU handelte oder der Testballon anderer interessierter Kreise war –, dass der sowjetische Nachrichtendienst versucht habe, ehemalige Mitarbeiter des MfS anzuwerben. Man sprach sogar von einem Ring, der dadurch aufgeflogen sei, weil dessen Chef zum Verfassungsschutz überlief. Das ist ja eine bekannte Geheimdienstmethode: einen Popanz aufbauen, den man anschließend erfolgreich liquidiert.

Wie auch immer: Ich trat die Flucht nach vorn an, denn was sollte mir schon groß passieren? Noch hatte »Jérôme« nicht im Bett des Außenministers gelegen oder sich an einen anderen Geheimnisträger herangemacht mit der Absicht, ihm Staatsgeheimnisse für die Staatssicherheit zu entlocken. Ich war Agenten-Azubi.

Zwar hatte ich eine Art Lehrvertrag unterzeichnet, aber »Jérômes« Ausbildung war noch nicht abgeschlossen und ein Gesellenstück noch nicht geplant. Natürlich, meine kritische Distanz zu diesem kapitalistischen System war nicht geringer geworden, mein weltanschaulich-politisches Koordinatensystem hatte sich nicht durch den Untergang der DDR verschoben. Der hinterließ eine schmerzende Wunde, aber keinen Zweifel, ob ich mit meiner Überzeugung richtig lag. Jedoch ich kalkulierte nüchtern und kam zu dem Befund, dass ich erstens nicht für die Illegalität geboren bin und zweitens nicht absehbar war, wie lange diese andauern würde. Auch wenn es wehtat, gestand ich mir ein: Eine solche Chance für einen Sozialismus, die jetzt so jämmerlich verloren gegangen war, würde es so bald nicht wieder geben. Sicher, der Kapitalismus würde irgendwann an seinem eigenen Triumphgeheul ersticken. Doch wann würde das sein?

Ich suchte mir eine Telefonzelle am Savignyplatz unweit der Universität, schlug eines der dort auslie-genden drei Telefonbücher auf und suchte nach dem Landesamt für Verfassungsschutz. Auch unter V wie Verfassungsschutz fand sich die gleiche Telefonnummer. Keine Adresse, nichts, nur die Telefonnummer.

Diese wählte ich. Eine Männerstimme meldete sich, ich nannte meinen Namen und meine Absicht, eine Aussage machen zu wollen. Hm, sagte die Männer-stimme, und sie klang wenig überrascht. Ich solle mich am Fehrbelliner Platz am Hohenzollerndamm melden, dann legte er auf.

Ich lief den Ku'damm hinunter und rauchte eine Zigarette nach der anderen, um meine Nervosität zu bekämpfen. Dann umrundete ich den Wittenbergplatz, blickte hinüber zum KaDeWe. Dort hatte »Jérôme« so

Platz der Luftbrücke: Dort saß der Staatsschutz, zu dem IM »Jérôme«
vom Verfassungsschutz weitergeleitet wurde

manches französische Markenhemd günstig ergattert,
nun wirkte auf einmal alles etwas surreal. Die Wände
wankten ein bisschen, die Farben flirrten. Das Ende
eines Lebensabschnitts war nah.

Es wurde zwei Stunden später vollzogen.

Ich offenbarte mich nach Anleitung. Vor Jahren schon
hatte ich mich zum Thema eingelesen. Was sagt man,
wie sagt man es, was verschweigt man? Wo sind die
juristischen Fallstricke gespannt?

Der Verfassungsschutz schickte mich zum Staatsschutz am Platz der Luftbrücke. Dort sollte ich noch
einmal das Gleiche erzählen. Der Termin, den man mir
nannte, war noch einige Tage hin. Die Zeit nutzte ich
zum Studium der einschlägigen juristischen Literatur
in der Amerika-Gedenk-Bibliothek. Ich wollte straffrei
beichten und niemanden anscheißen.

Die Zauberformel hieß »Verstrickung«. Wenn man
durch eine »fremde Macht« in geheimdienstliche Agen-

tentätigkeit (§ 99 Strafgesetzbuch) nur verstrickt war und sein Verhalten freiwillig zu- und aufgab, wurde von Strafverfahren abgesehen bzw. Ermittlungsverfahren eingestellt oder gar nicht erst aufgenommen. Man musste behaupten, dass man ein naives Opfer war ...

Heute, fast 30 Jahre später, mag das für manchen vielleicht unvorstellbar sein angesichts der seither vorherrschenden Stasi-Hysterie, wo soeben die Bundesregierung beschlossen hat, die Stasi-Überprüfung bis zum Jahr 2030 auszudehnen. Wer sich bis dahin für einen öffentlichen Job bewirbt, muss noch immer die Hosen herunterlassen. Wer 1990 zwanzig war, feiert 2030 seinen Sechzigsten. Und dürfte sich eher um die Rente kümmern, als sich um ein öffentliches Amt bewerben. Aber selbst wenn: Dann hat er bis 1990 schon eine wahnsinnige Stasi-Karriere hingelegt, um gerechtfertigt aussortiert zu werden. Was man im Übrigen bis dato noch nicht gemerkt haben will. Oh, herrliche Einfalt.

Warum kam ich 1990 bei Verfassungsschutz und Staatsschutz in Westberlin mit meiner Selbstanzeige durch, wird sich mancher fragen. Damals machten die Geheimdienstbeamten noch Dienst nach Vorschrift. Und außerdem war es ihnen bekannt, dass sich das MfS für hiesige Studenten interessierte. Sie hatten alles unter Kontrolle. Nun, das behauptet jeder Geheimdienst. Dienste sind bekanntlich allwissend. Zumindest tun sie so. Also angeblich hätten sie jeden im Blick, der sich mit den Kollegen von der anderen Feldpostnummer eingelassen habe, und darauf hätte man reagiert. Den einen hätte man überworben, dem anderen die Folterinstrumente gezeigt. Dem Dritten hätte man nahegelegt, die Sache einschlafen zu lassen: Wenn Sie nichts machen, machen wir auch nichts. Sie steigen aus, und wir machen die Augen zu.

Nun ja, das klang logisch und in meiner Situation vernünftig. Aber das war Theorie, das reale Leben sah anders aus. Natürlich kamen später irgendwann Vertreter der Zunft auf mich zu. Allerdings gab es kein Druckmittel, um mich zur Zusammenarbeit zu bewegen. Ich quatschte sie zu, und sie zogen ihrer Wege.

Dabei hatte ich mich bei meiner »Offenbarung« für eine Variante entschieden, von der ich in der Literatur gelesen hatte: sich anbieten. Ich hätte, wenn sie denn interessiert seien, in meinem künftigen Job »Material« sammeln und an sie übergeben wollen.

Das war ins Blaue gesprochen, denn wo würde ich eines Tages arbeiten? Außerdem, das hatte ich aus den Büchern erfahren, waren Selbstanbieter allen Geheimdiensten zu allen Zeiten suspekt. Denn klopft einer freiwillig an die Pforte, stellt sich die Frage: warum? Wurde er geschickt, oder kommt er freiwillig? Und kommt er freiwillig: Was ist sein Motiv? Braucht er Geld, steht er wegen Trunksucht vorm Rauswurf, hat er Dreck am Stecken? Bedient er seine Eitelkeit? Sucht er das Abenteuer? Es gab tausend Gründe, weshalb sich einer andiente – und mindestens ebenso viele, das Angebot abzulehnen. Das wusste ich. Und deshalb gab ich in der Befragung offensiv meine Bereitschaft zu späterer Zusammenarbeit in der Hoffnung vor, dass sie nicht angenommen wurde.

Beim Verfassungsschutz spielte ich zunächst den Naiven. Die beiden Beamten waren jovial, der Ältere zeigte mir zum Beweis, dass sie ganz anders wären als die Kollegen vom MfS – und das sagte er tatsächlich ohne einen Anflug von Schaum vorm Mund – seinen Personalausweis. Sie hätten nichts zu verbergen. Ich tat so, als studierte ich aufmerksam den Perso. Dabei war mir klar, dass es sich vermutlich um seinen Dienst-

Personalausweis handelte, den er immer vorwies, wenn es der Dienst erforderlich machte.

Der Staatsschutz in diesem bekannten Nazi-Bau am Flugfeld in Tempelhof mit den vergitterten Fenstern war konsequenter, fragte nach. Ich sabbelte, sprudelte wie ein Wasserfall, redete viel und sagte nichts. Ich kannte nur Uwe und Hermann, keinen sonst. Zusammenhänge, Hintergründe, Verbindungen, Absichten – keine Ahnung. Aber selbst wenn ich Konkretes gewusst hätte: Ich hätte es nicht erzählt. So erwies sich der alte Spruch als richtig: Was ich nicht weiß, macht mich nicht heiß. Oder in die Sprache des MfS übersetzt: Jeder Genosse muss nur das wissen, was er zur Erfüllung seines Kampfauftrags wissen muss. Was sein Nachbar auf dem Tisch hatte, durfte ihn so wenig interessieren, wie seine IM dem Nachbarn bekannt waren. Dadurch, so hörte ich später, kam es mitunter zu bizarren Konstellation, etwa dass zwei IM im Vorzimmer eines Bundestagsabgeordneten der F. D. P. arbeiteten, ohne voneinander zu wissen, und der MdB traf sich überdies mit Markus Wolf.

Das mir nach fünf Stunden Befragung zur Unterschrift vorgelegte Protokoll umfasste zwölf Seiten und enthielt solche fundamentalen Aussagen wie: »Ich habe inzwischen meine Meinung geändert und bin Mitglied der F. D. P. geworden.«

Ich erörterte die Verfahrenseinstellung nach StGB und StPO mit dem Staatsschutz-Kommissar, der mir riet, mich umgehend für das Referendariat zu bewerben. Warum? Weil es ein paar Tage dauern werde, bis das Ermittlungsverfahren eröffnet würde. So könne ich, wenn ich mich gleich bewerbe, die Frage »Liegt ein Ermittlungsverfahren gegen Sie vor?« wahrheitsgemäß mit »Nein« beantworten. Soviel Loyalität hatte ich an diesem Ort nicht erwartet.

Die Einstellung meines Ermittlungsverfahrens erfolgte schließlich zum 26. September 1990. Ich konnte problemlos »Beamter auf Widerruf« werden. Ich bin mir sicher: ein, zwei Jahre später wäre das nicht so gelaufen.

Nach der Beichte fühlte ich mich erleichtert.

Wochen später, noch im letzten Sommer der DDR, traf ich mich mit Rainer, Moni und Udo in Marzahn. Ich hatte wohl ein Glas Rotwein zu viel, jedenfalls plauderte ich erstmals über meine Agentenausbildung, was zur allgemeinen Erheiterung beitrug. Moni und Udo waren Genossen und hielten es für normal, dass man als Grenzgänger, wenn man ausgeschlafen und eine klare politische Haltung hatte, irgendwann vom MfS angequatscht werden würde. So what? Und der parteilose und kapitalismuskritische Rainer war auch der Meinung, dass nichts dagegen spreche, auch auf diese Weise das System zu bekämpfen. Wenngleich er bekundete, dass er sich davor gefürchtet habe, als IM geworben zu werden. Der Kelch sei jedoch an ihm vorüber gegangen, worüber er nicht unfroh war. Moni hatte in Halle, wo sie sich an der Arbeiter-und-Bauernfakultät auf das Studium in der Sowjetunion vorbereitete, das MfS erwartet. Doch nichts war geschehen, und auch der KGB interessierte sich nicht für sie. Verständlich also, dass sie sich ausschütteten vor Lachen, als ich mich outete: »Was, ausgerechnet du!« Ihre Überraschung bedeutete wohl, dass zumindest meine Konspiration gut geklappt hatte.

Und nun kann man Uwe und Hermann und all den anderen Genossen des MfS, die als Werber unterwegs waren, nicht vorwerfen, sie hätten bei mir genauer hinschauen sollen. Vielleicht wäre ja ein ordentlicher Spion aus mir geworden, wenn's denn dazu gekommen und die DDR nicht untergegangen wäre. Aber dass nach den

Regeln der Wahrscheinlichkeit auch Fehlgriffe erfolgten, halte ich für normal. Vermutlich deshalb knüpfte das MfS so viele Kontakte: Es hieß später, dass sie an die zweitausend Westberliner, wovon die meisten Studenten waren, für eine Zusammenarbeit rekrutiert hatten. Zumindest meldeten sich 1990 so viele bei den Westberliner Behörden und offenbarten sich. Die Nachrichtendienstler aus Berlin fischten also mit dem Schleppnetz, da blieb es nicht aus, dass auch viel Beifang an Bord gehievt wurde.

Die souveräne Gelassenheit, mit der in Marzahn auf mein Agenten-Outing reagiert worden war, ermutigte mich, auch Westberliner Freunden meine Vergangenheit zu offenbaren. Das war, wie ich an den Reaktionen ablesen konnte – den unmittelbaren wie auch den mittelbaren – keine so gute Idee. Bertram aus Charlottenburg – von Beruf Psychologe, der mich von Anfang an behandelte, als sei ich nicht ganz richtig im Kopf – schien keine Probleme damit zu haben. Andere reagierten im besten Falle mit einem süffisanten Grinsen. Frank aus Moabit zeigte sich irritiert. Später, wenn ich nach dem erfolgten Austritt aus der F. D. P. auf diesen Teil meiner Vergangenheit zu sprechen kam, wechselte man umgehend das Thema, weshalb ich es bald vermied, es überhaupt zu erwähnen.

Ich mache Karriere
in der F. D. P.

Meine Mitgliedschaft in der F. D. P., die auf Anregung
von Uwe und Hermann zustande gekommen war, wurde
von meiner Offenbarung nicht berührt. Ich nahm an den
spärlich besuchten Monatssitzungen der Kreuzberger Liberalen teil, langweilte mich bei den Zusammenkünften
von oft weniger als einem Dutzend Interessenten. Mein
ausgesprochen gut aussehender Parteifreund Christopher
beschäftigte sich vornehmlich mit der Beantwortung der
Frage, welchen Zeitaufwand man für welches Amt in
Rechnung stellen müsste. Schließlich waren mehr Posten
zu besetzen, als es Bewerber gab. Das heißt, die Perso-
naldecke war noch kürzer als die politischen Ambitionen
der hier versammelten Liberalen. Unser Schatzmeister
warb für Bildungsseminare, und nach Abgabe meiner
Staatsexamensarbeit hatte ich auch mehr Zeit.

Also nahm ich an zwei Rhetorikseminaren der Fried-
rich-Naumann-Stiftung teil, die im Sommer 1990 in
einem alten Gutshaus oder Schloss irgendwo in Brandenburg stattfanden.

Das Objekt war bis soeben eine Bildungsstätte der
Liberaldemokratischen Partei Deutschlands (LDPD),
eine der sogenannten Blockparteien der DDR, die sich

inzwischen aber der F.D.P. angeschlossen hatte. Und die reklamierte die Immobilie für sich.

Angenehm für mich als Studenten war, dass trotz D-Mark die meisten Getränke noch DDR-Preise hatten. Es gab KARO zu kaufen, aber der stilbewusste Liberale rauchte inzwischen Benson & Hedges. Küche und der Kühlschrank waren nicht gesichert, sodass wir auch mitten in der Nacht an Bier kamen.

Nach einem Übungsvortrag sagte mir einer der Seminarleiter, er hätte noch nie so eine perfekte marxistische Erklärung dafür gehört, warum man die F.D.P. wählen müsste. Ich konterte, um mich nicht völlig zu verraten, dass schließlich Marx die moderne Betriebs- und Volkswirtschaftslehre erfunden habe.

Meine Bewertung des Seminargutshauses musste entsprechend mies ausfallen. Dabei hatte ich mich dort pudelwohl gefühlt und Uwe und Hermann im Stillen kritisiert, dass sie mich nie an vergleichbaren Seminaren hatten teilnehmen lassen.

Am 2. Dezember 1990 sollte ein neuer, der erste gesamtdeutsche Bundestag gewählt werden. Es gab getrennte Wahlgebiete in Ost und West. Parteien oder Listenvereinigungen, die nur in einem Wahlgebiet die Fünfprozentklausel überwanden, sollten ebenfalls ins Parlament einziehen dürfen.

Ich machte Wahlkampf für die F.D.P., und die Ansage war: kapitalistisch leben wie im Westen, sozial gesichert sein wie im Osten. Dass dies nicht funktionieren würde, dämmerte inzwischen manchem, und mit jedem in der DDR geschlossenen Betrieb wuchs die Zahl der Zweifler. Das war den Bonner Strategen von Anfang an bewusst, weshalb sie auf Tempo drückten. Schon zwei Monate nach der »Wiedervereinigung« musste gewählt

Im Wahlkampfmodus und im Regen

werden, damit die Regierungsparteien CDU/CSU/F. D. P.
weiter an der Macht blieben.

Mein Wahlkampfstand – ein kleiner Campingtisch mit
Sonnenschirm – befand sich unweit unserer einstigen
konspirativen Wohnung in Hellersdorf, was eine gewisse
Ironie darstellte. Den netten jungen Mann, der den Stand
leitete, sah ich übrigens nie wieder. Hätte ich eigentlich
schon gerne, denn er war ein sehr sympathischer Thü-
ringer, mit dem ich gern mal ein Bier getrunken hätte.
Er war genau wie ich neu in der Politik – und übte sich
noch fleißig in gesamtdeutschen Illusionen.

Ende November 1990 begann ich mein Referendariat.
Ich übernahm den kompletten Unterricht für einzelne
Klassen – war also nicht nur Unterhaltungsprogramm
für eine Stunde pro Woche und Klasse, wie ich es als
Fremdsprachenassistent in Frankreich war. Bald wurde
ich stellvertretender Klassenlehrer, und das bei einem
Klassenlehrer, der wusste, wie man Arbeit auf Referen-

dare abwälzte. Er meldete sich oft krank, vornehmlich wenn Zeugnisse geschrieben und andere aufwendige Aufgaben erledigt werden mussten. Ich erfüllte sie stets gewissenhaft. Meine elektrische Schreibmaschine produzierte obendrein hervorragende Durchschläge. Während einer Klassenreise nach Weimar im Frühjahr 1992 bekam ich einen »Spezialauftrag«, den ich ebenfalls sehr gewissenhaft erfüllte. Der Klassenlehrer verabschiedete sich schon um halb zehn ins Bett mit der Aufforderung aufzupassen, dass in den Zimmern nichts passiere. Man kennt ja das Problem: Klassenreisen-Schwangerschaften!

Das wirksamste Mittel schien ihm: »Trinken Sie den Schülern möglichst viel weg!« Was ich auch tat. In den Mädchen-Zimmern mixten die jungen Damen abscheulichste Gesöffe, etwa jamaikanischen Rum mit Amaretto. Bei den Jungs trank man Bier und Schnaps, und sie freuten sich, was ihr junger Lehrer alles wegkippte. Die Folge dieser Nacht: ein dicker Kopf. Während am nächsten Tag die Klasse die Klassikerstadt besichtigte, lag ich im Bett und schlief.

Kurz vorher reiste ich schon einmal nach Thüringen. In Suhl fand vom 1. bis 3. November 1991 der 42. Bundesparteitag der F.D.P. statt. Inzwischen war ich vom Referendariat gestresst, die Halbzeit stand bevor, aber für so ein besonderes Wochenende nahm ich mir Zeit. Ich war zwar nur Gast, kein Delegierter, aber es wurde ein spannendes Erlebnis. Wir wohnten in Oberhof in dem bekannten Hotel, das wie eine Sprungschanze aussieht. Die Landesgeschäftsstelle der Partei hatte alles perfekt organisiert, ein Bus brachte uns von Berlin nach Oberhof und von dort gab es einen Shuttle-Service von und nach Suhl. Mein erstes Mal mit C-Promis im Bus …

Am Samstagabend kehrten wir nach einer Erfrischungspause in Oberhof zu spät nach Suhl in die

Stadthalle zurück: Das Buffet war komplett abgegrast, als hätte sich ein Schwarm Heuschrecken darüber hergemacht. Nicht ein einziges Salatblatt von der Deko war übriggeblieben. Die Parteitagsdelegierten aus West und Ost waren offenkundig derart ausgehungert, dass sie vor nichts zurückschreckten. Wir kuckten in die Röhre.

In der großen Stadthalle stammte noch vieles aus DDR-Zeiten. An Details erinnere ich mich so vage wie an einen sehr netten und angenehmen Parteifreund namens Micha, der aus der LDPD Prenzlauer Berg kam. Dann gab es noch einen dritten Parteifreund, der deutlich älter war als wir, es jedoch nicht lassen konnte, abwechselnd dezent mit uns zu flirten. Er kam aus Westberlin und erinnerte mich in seiner ziemlich altbackenen Art sehr an Hermann. Der war nichts für mich.

Der Höhepunkt meiner Referendarzeit war im Spätsommer 1991 eine Studienreise nach Sachsen mit anderen Referendaren. Die Burg Hohnstein war mal »die schönste Jugendherberge der DDR«, zumindest stand es in einem alten Prospekt. Wir teilten uns in Gruppen auf und erarbeiteten verschiedene Projekte, mit denen man Schülern eine lehrreiche und unterhaltsame Freude bereiten könnte. Die meisten Themen liefen unter der Überschrift »Tourismus und seine Entwicklung«. In Sachsen war, wie anderswo auch, die Wirtschaft weitgehend zusammengebrochen und man versuchte, durch Tourismus wirtschaftliche Erträge zu generieren.

Ein angehender Musiklehrer aus Niedersachsen, Wolfgang, lernte im Dorf eine Musiklehrerin kennen, die schon zu DDR-Zeiten unterrichtet hatte. Er fand es anregend, mit ihr über Lieder zu sprechen, die damals den Musikunterricht bereicherten. Ihn faszinierte besonders das, was zu DDR-Zeiten anders war als heute.

Sie gab ihm ein Buch mit politischen Liedern von früher. Wolfgang übte die passenden Begleitakkorde und wollte sie unserer kleinen Gruppe – sechs oder sieben von insgesamt 14 Referendaren – vorstellen. Er wollte mit uns ganz normal singen üben, wie man mit Schülern unbekannte Lieder einübt. Er hatte auf den Liederzetteln die schwierigsten Stellen markiert. Der Witz war: Nahezu jeder von uns kannte die Lieder praktisch auswendig.

Wir schmetterten sie lautstark bei weit geöffneten Fenstern: alte SPD-Hymnen wie »Wann wir schreiten Seit an Seit« und »Brüder, zur Sonne, zur Freiheit« und natürlich auch das KPD-Lied von dem Mann, der stark wie eine Eiche ist, um morgen eine Leiche zu sein: »Dem Karl Liebknecht, dem haben wir's geschworen, der Rosa Luxemburg reichen wir die Hand« ... Bei letzterem Lied hört man bekanntlich den wohl vielen bekannten Ost-West-Unterschied, den ich schon am Scharmützelsee kennengelernt hatte: Wenn man die Wörter »Karl Liebknecht« singt, sang man in Ost und West eine Melodie, wo ein Takt anders war. Wolfgang versuchte gerade noch verzweifelt, uns die DDR-Version nahezubringen, die er in seinem Liederbuch fast wie in Stein gemeißelt vorfand, aber wir Westberliner Referendarskollegen beharrten darauf, dass er seine Begleitung an die Melodieversion anpasste, die wir gewohnt waren. Egal woher. Die wurde spätestens durch die Schallplatte von Hannes Wader bekannt.

Wir hatten alle einen Heidenspaß, vertraute Lieder zu singen – vermutlich viele seit langer Zeit zum ersten Mal wieder. Ich selber hatte natürlich als Liberaler ein bisschen die Motten. Zum Glück hat mich damals niemand verpetzt. Vermutlich auch, weil niemand der angehenden Lebenszeit-Beamten offenbaren wollte, woher er oder sie die Lieder und Melodien fast auswendig kannte.

Am nächsten Morgen brach jedoch ein unerwartetes Donnerwetter über unsere kleine Hohnsteiner Sangestruppe herein. Unser Seminarleiter erhob sich beim Jugendherbergsfrühstück majestätisch und wetterte los. Angeblich hätten die Leute unten im Dorf »von so was« die Nase voll. Solche Lieder seien früher von den FDJ-Gruppen gesungen worden, die auf Burg Hohnstein zu Gast waren. Hiermit sei das Projekt mit sofortiger Wirkung abgebrochen, sagte der Boss und setzte sich wieder. Niemand fragte: Wer hat sich denn beschwert? Oder warf ein, dass manches Lied zum Repertoire der SPD-Parteitage gehöre. Es folgte stattdessen minutenlanges eisiges Schweigen. Ich schaute wortlos nach unten in meine Kaffeetasse, andere wurden rot.

Hier wehte also der neue Geist; die geistig-moralische Wende, die Kohl beim Amtsantritt 1982 angekündigt hatte, schien nun also zu kommen. Gesamtdeutsch.

Meinen F. D. P.-Kampfanzug finanzierte das MfS

Es fand sich 1992 in unserem kleinen Kreuzberger Bezirksverband niemand, der den Spitzenkandidaten für die BVV-Wahl machen wollte. So blieb das an mir hängen. Ich musste nichts dafür tun. Und weil mein Vorgänger fast gar keinen Wahlkampf gemacht hatte, war bereits jede kleinste Aktivität schon eine Menge mehr als vorher. Wobei: Wir waren fleißig!

Ich trug noch immer die Klamotten, die mir das MfS finanziert hatte, und die Frisur, die von meinem Salon in der Chausseestraße stammte. Der hatte inzwischen jedoch dichtgemacht. Ich fand eines Tages einen Zettel an der Tür mit dem Hinweis auf einen Friseursalon am Rosenthaler Platz. Seitdem ließ ich mich dort frisieren. Manchmal stand ich morgens vor dem Kleiderschrank und habe in mich hineingelächelt: So, welche MfS-Klamotten ziehst du heute für den Wahlkampf an?

In einem solchen »Kampfanzug« saß ich dann auf verschiedenen Podien der überaus beliebten Schulaula-Veranstaltungen und blamierte mich, so gut ich konnte. Als Bürgermeisterkandidat der F. D. P. konnte man an Kreuzberger Schulen ohnehin keinen Blumentopf gewinnen. Jedoch kriegte ich als Referendar zumindest ein paar Stunden Sonderurlaub bewilligt. Der Schulleiter war nämlich ausgesprochen stolz, einen »Spitzenkandidaten« an seiner Schule zu haben und erzählte das auch überall herum. Außerdem trat ich zum ersten Mal mit Artikeln und Anzeigen in der schwulen Lokalpresse in Erscheinung – und das fand die Unterstützung der linksliberalen und einigermaßen frauenbewegten Landesvorsitzenden der F. D. P., Carola von Braun.

Die F. D. P. Kreuzberg stellte 1992 einen Antrag an den Bundesparteitag, dass für schwule und lesbische Paare »eingetragene Partnerschaften« gesetzlich erlaubt werden sollten. Unser Vorstoß stand am Beginn der öffentlichen Diskussion zu diesem Thema, er erfuhr, wie erwartet, eine Beerdigung erster Klasse: Der Antrag wurde in die Ausschüsse verwiesen.

Er bedeutete für mich gleichzeitig das Ende der vornehmen Zurückhaltung, zu der mir Uwe und Hermann einst geraten hatten. Ich sollte nichts weiter als eine graue, unauffällige Maus in der F. D. P. bleiben und mich nicht zu sehr in den Vordergrund drängen.

Trotz unseres und meines Engagements auch für lokalpolitische Themen bekamen wir in Kreuzberg lediglich 1683 Stimmen (= 3,5 Prozent). Als Politprofi hätte ich das als Triumph herausbrüllen können: Die F. D. P. hatte ihren Stimmenanteil verdoppelt – bei der letzten Wahl vor vier Jahren wählten uns lediglich 852 Kreuzberger (= 1,4 Prozent).

Die Kreuzberger Parteifreunde schrieben mir eine rührende Dankeskarte, das Foto zeigte mich am Wahlkampfstand vor der Markthalle am Marheinekeplatz. Die Markthalle sollte später erfolgreich gemanagt werden von einem ehemaligen Offizier des MfS aus Jena – bis er durch mediale Hetze aus dieser Funktion verjagt wurde.

An diesem Ort hatte ich mich wohl gefühlt – von der Türkei und Griechenland bis hin zur Kreuzberger Arbeiterklasse war alles vertreten. Wir verteilten am Stand Kochlöffel mit der Aufschrift »Koche mit Liebe. Wähle mit Verstand. F. D. P.« Diesen Spruch hatte die Werbeagentur aus der DDR geklaut. Anfang der fünfziger Jahre war dort nämlich die Speisewürze »Bino« erfunden worden, mit der »Maggi« im Westen Konkurrenz gemacht wurde. Den Werbespruch »Koche mit Liebe, würze mit Bino« fand der Schauspieler und Sänger Manfred Krug so geil, dass er die Zeile in den Titelsong seines 1962 gedrehten DEFA-Films »Auf der Sonnenseite« einbaute: »Geh doch mal ins Kino, da verfliegt die Wut / Koche mit Liebe, würze mit Bino / Hin und wieder tut ein DEFA-Lustspiel gut! ...« Aber wie der Spruch auf meinem Kochlöffel durch das jahrzehntelange Waschen in der Spülmaschine verschwand, so ist diese Zeile auch dem kollektiven Gedächtnis entschwunden.

Und auch der einstige Kampfauftrag hatte sich erledigt: Am Ende des Referendariats bewarb ich mich nicht – wie ursprünglich von Uwe und Hermann geplant – beim Auswärtigen Amt, sondern in München bei einer Versicherung. Einen Hintergrund will ich gern verraten: 1992 hatte sich dort ein Arbeitskreis der Liberalen konstituiert mit dem kaum misszuverstehenden Namen »SchwuLis«. Ein paar Wochen nach meinem Ortswechsel fand der »Ball der Liberalen« statt. Peter, der Vorsitzende der SchwuLis, ein leidenschaftlicher Turniertänzer, hatte mich zwei Wiener Walzer lang heftig durch den Saal gewirbelt. Ich war danach völlig fix und alle. Peter war von schlanker Statur, und man sah ihm überhaupt nicht an, wie kraftvoll er Tanzpartner/innen zu Bewegungen bringen konnte, von denen diese nie geahnt hatten, dass sie sie hätten machen können.

Seriöser Kandidat.
Den die Nachbarin
gern als Schwieger-
sohn hätte

Nachdem wir beide wieder am Tisch saßen, kam
Sabine Leutheusser-Schnarrenberger zu uns herüber.
Die Bundesjustizministerin lobte uns, sie hatte uns beim
Tanzen beobachtet. Und sie war nicht die Einzige. Noch
anderthalb Jahre später, auf dem Parteitag in Nürn-
berg, sprach mich Klaus darauf an. Er war Referent bei
»Schnarri« und trug rote Haare. Inzwischen hat er seine
damals auffällige Frisur gegen eine Glatze getauscht.

Im Juni 1993 nahm ich als Ersatzdelegierter der
F. D. P. Berlin am Parteitag in Münster teil. Der fand
im Hotel Marienlinde in Telgte statt. Der Ort wurde
weniger durch die uralte Linde oder gar den Partei-
konvent berühmt, sondern durch eine Erzählung von
Nobelpreisträger Günter Grass. Der hatte dort 1647 ein
fiktives Treffen von Dichtern und Schriftstellern statt-

finden lassen. Ich führte dort ein Gespräch mit Guido Westerwelle, der soeben Vorsitzender des Kreisverbandes Bonn geworden war und in der Bonner Kanzlei seines Vaters arbeitete. Er wurde als künftiger Generalsekretär der F. D. P. gehandelt, dem Parteivorstand gehörte er bereits geraume Zeit an. Daher war er für mich interessant, zumal nicht zu übersehen war, dass er »vom anderen Ufer« war. Doch merkwürdigerweise fremdelte er beim Thema »eingetragene Partnerschaften«. Erst reichlich zehn Jahre später offenbarte er sich öffentlich, als er zum 50. Geburtstag von Angela Merkel mit seinem Lebenspartner erschien. Bereits 1997 sollte er in einem Nachschlagewerk über homosexuelle Persönlichkeiten genannt werden, ohne dass er dementierte. Doch erst nachdem sich der Berliner Klaus Wowereit (SPD) 2001 und Ole von Beust (CDU) 2003 in Hamburg geoutet hatten, tat es auch Westerwelle.

In München blieb ich bis November 1993, als das Büro des »Wirtschaftsdienstes«, bei dem ich arbeitete, aufgelöst wurde. Danach kümmerte ich mich um Büros in Berlin und Hamburg. Ich gewann aber rasch den Eindruck, dass die Versicherungswirtschaft keine Perspektive für mich bedeutete. Die Bezüge waren inzwischen erheblich gesunken. Ich übernahm jedoch zunächst die Leitung des Büros Berlin-Brandenburg des »Wirtschaftsdiensts für Akademiker«, das war eine Versammlung schillernder Handelsvertreter. Eine Kollegin brachte es auf die Formel: »Die Ossis sind Frauen, die Wessis sind schwul.« Einmal wollte ich eine andere Kollegin aus dem Ostteil Berlins treffen, um mit ihr zu Kunden im einstigen Bezirk Frankfurt (Oder) zu fahren, der jetzt Land Brandenburg hieß. Die Straßen in Berlin trugen inzwischen neue Namen, aber als ich ihr sagte, ich würde auf sie an der Kreuzung Leninallee/Dimitroff-

München 1993. Tätig im Büro des Wirtschaftsdienstes

straße warten, wusste sie sofort Bescheid. Inzwischen waren Dimitroff und Lenin getilgt, die Straßen hießen nun wieder Danziger und Landsberger.

Der Arbeitskreis Homosexualität der F. D. P. existierte noch, lag aber ziemlich danieder. Aktuell hatte er noch zwei Mitglieder: zwei heterosexuelle Freundinnen, Gisela und Britta. Beide berichteten wiederholt von ihren Erfahrungen, die sie auf Reisen durch die DDR gemacht hatten, und befragten mich zu den meinen. Diese Fragerei war derart intensiv, dass sie mich an meine Vernehmungen bei Verfassungsschutz und Staatsschutz 1990 erinnerten.

Innerhalb eines Jahres habe ich den Arbeitskreis von uns drei auf über dreißig Mitglieder gebracht. Ich habe geackert und gerödelt. Meistens fragte ich junge männliche F.D.P.-Mitglieder, ob ich sie auf die Liste schreiben dürfe. Ich hatte dem Arbeitskreis einen anderen Namen verpasst, er hieß nun »Neue Lebensformen«. Dadurch senkte ich die Hemmschwelle.

Für eine Gedenkfeier im KZ Sachsenhausen bestellte die F.D.P. Berlin einen Kranz mit blau-gelber Schleife und der Aufschrift »Den schwulen Opfern«. Mir wurde ganz schwummerig, als ich den riesigen Kranz im Blumengeschäft gegenüber dem Rathaus Schöneberg abholte. Ich wusste nämlich nicht, was auf der Schleife stehen würde. Wir hatten eine würdige Zeremonie. Die schmale Britta und ich reihten uns in die Kranzniederleger unterschiedlicher Herkunft ein. Und das Teil war schwer! Ich wundere mich noch heute, wie wir es geschafft haben, den Kranz mehrere hundert Meter weit zu tragen, ohne albern zu kapitulieren. Es war kühl und windig, aber wir schwitzten.

Später erzählten mir Mitglieder eines Arbeitskreises schwuler und lesbischer Politiker/innen verschiedener Parteien, dass es sich dabei um eine Premiere gehandelt hatte. Frühere Versuche seien stets vom Sicherheitspersonal unterbunden worden. Vielleicht musste deshalb der Kranz so riesig sein. So hatte es doch sein Gutes, dass ich extra aus München angereist war.

Auch wenn ich immer weniger mit der F.D.P. am Hut hatte, spornten mich solche Erlebnisse an, und es packte mich langsam der Ehrgeiz: Ich wollte es nun wissen, ob ich als Agent erfolgreich hätte sein können. Wenn schon nicht im Auswärtigen Amt, so doch wenigstens politisch und im Sinne des Antifaschismus.

Inzwischen hatte ich auch Manfred Gerlach kennengelernt, und da wir beide der gleichen Partei angehörten, duzten wir uns auch. Manfred war seit 1967 Vorsitzender der LDPD gewesen. Dem Staatsrat hatte er als Stellvertreter des Vorsitzenden angehört, und nach dem Rücktritt von Egon Krenz am 6. Dezember 1989 hatte er vier Monate als Staatsoberhaupt der DDR amtiert. Die Partei hatte aufgrund seiner keineswegs unbedeutenden Vergangenheit einen merkwürdigen Kreis um ihn installiert, dem keineswegs nur Freunde angehörten. Unter ihnen waren der eher rechtslastige Generalbundesanwalt Alexander von Stahl, der 1993 von Leutheusser-Schnarrenberger in den Ruhestand versetzt werden sollte und dann zu den Unterstützern der »Jungen Freiheit« gehörte, und Wolfgang Mleczkowski, Abgeordneter im Berliner Parlament. Gerlach war erkennbar auf der Suche nach seinem Platz in der neuen Gesellschaft und zeigte sich als Wendehals. In einem epischen Fernseh-Gespräch 1992 ließ er sich lang und breit darüber aus, was ihm alles in der DDR gegen den Strich gegangen war. Das war peinlich angesichts der Tatsache, dass er nahezu drei Jahrzehnte stellvertretender Staatsratsvorsitzender gewesen war: unter Ulbricht, unter Stoph, unter Honecker und zum Schluss unter Krenz. Im Grunde war das charakterlos, was er da aus erkennbar opportunistischen Motiven von sich gab. Kein Wort zu den Übernahmefolgen im Osten, nichts zu den Millionen Arbeitslosen. Er hatte eine sehr egozentrische Sicht. Aber auch hier trat ein, was der Volksmund wusste: Man liebt den Verrat, nicht aber den Verräter. Die F.D.P. leitete bereits 1992 ein Parteiausschlussverfahren ein, weil er in der Nachkriegszeit LDPD-Mitglieder in Leipzig, wo er damals lebte und arbeitete, angeblich bei den sowjetischen Besatzungsbehörden denunziert hatte. Zehn Jahre später stellte das Landgericht Leipzig das Verfahren wegen Verjährung ein. Gerlach kam seinem Parteirauswurf zuvor, indem er am 23. November 1993 die F.D.P. verließ. Ermittlungen der Staatsanwaltschaft beim Berliner Kammergericht gegen ihn wegen des Verdachts der Freiheitsberaubung mit Todesfolge wurden eingestellt. Manfred vollzog nach dem Verlust seiner politischen Heimat einen Linksschwenk. Er schloss sich dem von Wolfgang Harich gegründeten »Alternativen Geschichtsforum Berlin« und der Gesellschaft zum Schutz von Bürgerrecht und Menschenwürde e. V. an. 2011 sollte er in Berlin an Krebs versterben ...

Ich fühlte mich in Gerlachs Umfeld von Wolfgang Mleczkowski angezogen, das war ein bunter Vogel und eine tragische Figur. Er kam aus dem Osten, hatte Theologie und Geschichte in Berlin studiert und war 1976 ausgereist. In Westberlin schloss er sich der F. D. P. an, bis zu seinem Ausschluss 2005 war er Parteivorsitzender in Spandau. Dem war sein Rauswurf aus der Fraktion im Abgeordnetenhaus vorausgegangen, weil er das Ansehen der Fraktion »nachhaltig beschädigt« hatte: Mleczkowski hatte sich mit einem Polizisten angelegt. Aber vielleicht lag es auch daran, dass der 61-Jährige einen 23 Jahre alten Ungarn geheiratet hatte. Da saß er bereits mit Parkinson im Rollstuhl. »Ich weiß gar nicht, ob ich homosexuell bin, eher bi«, so antwortete er, wenn er auf seine homosexuelle Neigung angesprochen wurde. Und dass er »immer nur Jüngere« hatte.

In der Berliner F. D. P. herrschte seit Jahren großer Zwist zwischen verschiedenen Flügeln. Immerhin hatten es einige vom rechten Flügel geschafft, die populäre Landesvorsitzende Carola von Braun im Zuge der sogenannten »Figaro-Affäre« 1994 zu stürzen. Da interessierte es nicht, dass sie vier Jahre zuvor die Partei wieder ins Abgeordnetenhaus zurückgeführt hatte. Carola von Braun war Diplomatentochter, deren Großmutter im Nazifrauengefängnis Barnimstraße umkam – diese war mit der kommunistischen Widerstandsgruppe von Anton Saefkow und Franz Jacob verhaftet worden. Der 51-jährigen F. D. P.-Politikerin warfen fraktionsinterne Rechnungsprüfer vor, private Flug- und Taxispesen sowie Friseurrechnungen über die Parteikasse abgerechnet zu haben. Ein strafrechtliches Ermittlungsverfahren war jedoch von der Staatsanwaltschaft noch im September 1994 eingestellt worden, und auch der Landesrechnungshof hatte nichts zu beanstanden. Es war eine fiese Intrige, ein innerparteilicher Machtkampf, wie es ihn in der Partei noch nie gegeben hatte, sagte von Braun, als sie am 1. Februar von ihren Ämtern zurücktrat. Mleczkowski, der als Strippenzieher galt, sprach von einem »Irrenhaufen«. Neuer Landeschef, von ihm protegiert, sollte Bundeswirtschaftsminister Günter Rexrodt werden. »Vor allem Mleczkowski provozierte immer wieder Streit mit der Vorsitzenden«, schrieb der *Spiegel* 8/1994. »Gegen ihren Einspruch hofierte der Spandauer Bezirksvorsitzende den früheren LDPD-Chef Manfred Gerlach ebenso wie den F. D. P.-Dissidenten Manfred Brunner und die drei Berliner Protest-Parteien, an deren Gründung Ex-F. D. P.-Mitglieder beteiligt waren. Mleczkowski ist als rechter Strippenzieher seit Jahren in Berlin berüchtigt. Der einstige LDPD-Kreissekretär im Ost-Berliner Bezirk Friedrichshain, der 1976 in den Westen übersiedelte, klüngelte damals mit Parteirechten wie Hermann Oxfort und Horst Vetter gegen den halblinken Parteivorstand. Die nach ihrem Stammlokal, einem ›Wienerwald‹, sogenannte ›Broilerbande‹ versuchte mehrfach den rechten Durchmarsch gegen die linke ›Schlaumeier-Runde‹.«

Die Anzeige gegen von Braun bei der Staatsanwaltschaft hatte einer vom rechten Parteiflügel erstattet: Rechtsanwalt Hanns-Ekkehard Plöger. Eben jener Nebenkläger im Honecker-Verfahren, der damals in Abrede gestellt hatte, dass Erich Honecker Krebs, sondern stattdessen einen Fuchsbandwurm habe. Zur Lage der F. D. P. erklärte er bei der Nominierung der Kandidaten für die Bundestagswahl auf dem Parteitag: »Im Moment schwimmen die Liberalen wie Kacke auf dem Landwehrkanal und hoffen, dass ihnen einer die Richtung vorgibt.«

Nun, genau das hatte ich vor. Am 18. März 1994 – an IM »Jérômes« sechstem Geburtstag – bewarb ich mich um den Landesvorsitz und kandidierte gegen Rexrodt. Vorgeschlagen hatten mich die JuLis. Sie hatten im Vorfeld an die 3000 Briefe an die Parteimitglieder eingetütet. Die Adressaufkleber wurden in der kleinen Druckerei hergestellt, die neben meinem Büro ihre Geschäftsräume hatte. Die Druckrechnung wie auch das Kopieren der Briefe bezahlte mein »Wirtschaftsdienst«. Die Versicherung ließ dort öfter Sachen drucken oder kopieren, da fiel diese Rechnung nicht ins Gewicht. Für die Jungs holte ich zwischendurch ein paar große Tüten von der bekannten Burger-Braterei, die auf den Grill schwört. Die JuLis waren hungrig und politisch angriffslustig wie ich. Obwohl komplett alkoholfrei, haben sich selten so viele Jungs auf einmal in dem kleinen Büro im Souterrain der F. D. P.-Landesgeschäftsstelle über den geplanten Staatsstreich amüsiert.

Trotz der Lobby-Arbeit reichte es nicht. Ich bekam auf dem Parteitag 23 Prozent der Stimmen, Rexrodt hingegen 65. Der Rest enthielt sich der Stimme.

Ich war der erste offen homosexuelle Bundestagskandidat einer bürgerlichen Partei

Am gleichen Wochenende wurde ich überraschend und ohne Vorwarnung Bundestagskandidat. Der Parteitag plätscherte so vor sich hin, ewig zogen sich die Wahlen zur Landesliste für die kommende Bundestagswahl hin. Fast für jeden Platz auf der Landesliste kam es zu einer Stichwahl. Ich saß gelangweilt mit einem Parteifreund vom Prenzlauer Berg in der Kantine im Keller des Rathauses Charlottenburg über Frikadellen mit Kartoffelsalat, als ich über die Lautsprecher einen Wilmersdorfer Parteifreund sagen hörte, dass ich gerade vorgeschlagen wäre, und dass »erklärt werden könnte, dass ich mit der Kandidatur einverstanden sei«. Das fand ich sehr interessant, denn darüber hatte mit mir niemand vorher gesprochen. Und ich wäre von selber nie auf die Idee gekommen, mich zu nominieren. Eigentlich genügten mir die Niederlage am Vortag und der nachfolgende Spott auf den Fluren schon völlig.

Es musste interne Absprachen gegeben haben, in die ich nicht eingeweiht war. Im Unterschied zu den ersten acht Plätzen der Liste, wo jeweils nur ein Kandidat oder eine Kandidatin gewählt worden war, fand zu vorgerückter Stunde die Besetzung der Plätze 9 und 10 als Stichwahl zwischen mir und einer Parteifreundin statt. Um es deutlich zu sagen: Als Alleinbewerber um einen Platz hätte ich – als »versuchter Königsmörder« – nie und nimmer eine Mehrheit der abgegebenen Stimmen erreicht. So kam ich als »Unterlegener in der Stichwahl« auf Platz 10. Immerhin: Vorgeschlagen von einem engen Vertrauten der zurückgetretenen Landesvorsitzenden. Vielleicht wollte man auch etwas Frieden mit den unterlegenen JuLis stiften. Und im ersten Moment war auch mir nur zum Gähnen zumute – da hatten sie zur Versöhnung den Verlierer auf einen völlig aussichtslosen Listenplatz gesetzt. Platz 10 auf einer Landesliste der F. D. P. war so sicher wie ein Olympiasieg beim Hundertmeterlauf mit 15 Sekunden.

Aber immerhin: Ich war der erste offen homosexuelle Bundestagskandidat einer bürgerlichen Partei! Die schwulen Gazetten überschlugen sich, andere Medien zeigten Neugier und Interesse, aber auch Häme über den völlig aussichtslosen Platz schwang mit. Man rechnete aus, dass die F. D. P. in Berlin 60 Prozent holen müsste, damit ich in den Bundestag käme.

Gemeinsam mit Volker Beck von den Grünen bekam ich eine doppelseitige Home-Story in der schwulen Zeitschrift *Magnus*, die bundesweit vertrieben wurde. Wobei Volker einen deutlich freundlicheren Artikel und ein sympathischeres Bild kriegte als ich. Aber es gab 1994 eben nur uns beide ...

Damals war das eine Sensation, vier Jahre später fast normal: Es kandidierte fast ein Dutzend offen schwule

Statt Wahlen Wales. Ein paar Tage ausspannen auf der Insel, 1992

und lesbische Politiker, 2002 waren es noch mehr. Der Durchbruch war geschafft, das Thema »Homo-Ehe« belebte die öffentliche Diskussion, und sie wurde Gesetz. Wowereit bewarb sich als Regierender Bürgermeister mit dem Satz: »Ich bin schwul, und das ist gut so!«

Natürlich hatte meine Kandidatur eine innere Logik. Der erste offen schwule Bundestagskandidat einer bürgerlichen Partei konnte nur von den Liberalen kommen. Und wenn F.D.P., dann aus Berlin. Und wenn Berlin, dann aus der Heimat aller schrägen Gestalten – aus Kreuzberg! Und wenn Kreuzberg, dann aus dem noch halbwegs annehmbaren westlichen Kreuzberg 61, nicht aus dem als chaotisch verschrienen SO 36. Und wenn schon aus »61«, dann mit Anzug und Krawatte.

All diese Bedingungen erfüllte ich blendend, wobei niemand wusste, dass das MfS fast alle meine Edel-Klamotten bezahlt hatte.

Alle Bundestagskandidaten der F. D. P. mussten ihrer Partei erlauben, bei der Gauck-Behörde nachzufragen, ob sie Beziehungen zur Staatssicherheit unterhalten hatten.

Erst fand ich ein Formular zum Ausfüllen in meinem Kreuzberger Fach, später fragte Frau Most aus der Landesgeschäftsstelle nach, weil ich säumig bei meiner Selbstauskunft war. Schließlich setzte mir der Landesgeschäftsführer die Pistole auf die Brust. Er wolle den Packen Papier endlich bei der Stasiunterlagenbehörde abgeben. Wir machten uns gemeinsam lustig über diesen Quatsch, denn ich schien als Wessi völlig unverdächtig. Und ich selbst war ebenfalls gelassen, denn ich sagte mir, wenn es Akten gäbe, dann hätte die bestimmt schon irgendeiner gefunden und mich abgeschossen. Ich hatte als einfacher Student Kontakte zum MfS gehabt, doch Uwe und Hermann werden belanglose Gespräche wohl kaum dokumentiert haben. Außerdem hatten sie mich langfristig für Wichtigeres vorgesehen, da würden Geheimdienstprofis wie sie nichts über die Anfänge festhalten. Das wäre doch töricht gewesen.

Meine Überlegungen gründeten auf absolutem Unwissen. Und das beruhigte mich.

Ich füllte alles aus und präsentierte eine weiße Weste.

Zu meinem parteipolitischen Hinterland kam nun auch die F. D. P. Prenzlauer Berg. Was es dort alles gab! Der Vorsitzende kam von der »F. D. P. der DDR« – kurz und verballhornt »F-D-Post« gesprochen, sein Stellvertreter war ehemaliger LDPDler, und bei den Abenden in der Schule nahe der Prenzlauer Allee, wo wir uns oft trafen, wimmelte es nur so von Selbständigen und Kleinunternehmern, die früher in der LDPD und der NDPD waren. Das waren die Blockparteien, die in der DDR ihre Interessen vertreten hatten. Ich begrüßte es natürlich, dass ich – wenngleich mit anderem Auftrag – ausgerechnet in dem Berliner Stadtbezirk mit meinem schnittigen kleinen weißen Auto herumgurken konnte, in dem ich mich in DDR-Tagen ausgesprochen wohl gefühlt hatte. Das behielt ich jedoch für mich.

Da ich die Parteifreunde auf im Prenzlauer Berg im linksliberalen Sinne beriet, gesellte sich auf Geheiß des rechten Rexrodt-Flügels alsbald ein altgedienter West-berliner Parteifreund hinzu, um gegenzusteuern. Er war den meisten ausgesprochen unsympathisch.

Nun war auch klar, dass ich von der Parteiarbeit nicht leben konnte. Die halbe F. D. P. war bei der Treu-handanstalt untergekommen, für mich allerdings – wie mich mein Kreuzberger Bezirksschatzmeister wissen ließ – schien weder dort noch woanders in der »freien Wirtschaft« ein Job frei. Komisch, wer Mitte oder Ende 20 war und ein passendes Studium absolviert hatte, kriegte durch Beziehungen einen Job. Ich kuckte in die Röhre. Wobei ich durchaus an den »einigungsbedingten« Tätigkeiten meiner Parteifreunde partizipierte. Mehrere befreundete Treuhänder kauften bei mir größere Le-bensversicherungen, ich hatte damals kostenreduzierte Angebote der Deutschen Anwalt- und Notarversicherung im Portfolio.

Damals waren die Lebensversicherungen hervorra-gend dazu geeignet, peu à peu und monatsweise un-auffällig unversteuerte »Zuwendungen« unterzubringen, also Geld zu waschen. Die Methode war alles andere als ein Geheimnis. Für die beiden Beteiligten ergab das eine klassische Win-Win-Situation: Der Parteifreund profitierte, und ich kassierte die Provision. Und vermutlich lief so etwas nicht nur in meinem Büro.

Im Juni 1994 nahm ich am Bundesparteitag in Rostock-Warnemünde teil. Die ehemalige Vorsitzende des Arbeitskreises »Neue Lebensformen« hatte mir ihr Mandat überlassen. Der Konvent war so langweilig wie der vorangegangene in Suhl. Ich wollte dort sprechen und vom Podium der Bundesjustizministerin für die wenige Tage zuvor erfolgte Abschaffung des § 175 danken. Ich hatte meine Rede bewusst so strukturiert, dass es mindestens ein Zitat von fünf bis zehn Sekunden Länge in die Nachrichtensendungen schaffen würde. Dazu kam es jedoch nicht, die Rednerliste war zu lang. Wichtige Diskussionen wurden in drei große Arbeitsausschüsse verteilt, nur so war die Fülle der Anträge zu bewältigen. Am Ende landete ich in einem etwa 300-köpfigen Arbeitsausschuss. Dort hatte ich einen kurzen Wortwechsel mit Burkhard Hirsch. Der bundesweit bekannte ehemalige Innenminister von NRW hatte, wie Genscher, nach dem Krieg Abitur in Halle gemacht und danach Jura im Westen studiert. Ich kam auf die »eingetragenen Lebenspartnerschaften« zu sprechen, die die F. D. P. Kreuzberg schon auf dem Bundesparteitag 1992 gefordert hatte. Diesmal gab es einen ähnlichen Antrag, auch mit Unterstützung der JuLis und Schützenhilfe aus dem Hause Leutheusser-Schnarrenberger. Hirsch wollte erneut das Thema in einen Fachausschuss verweisen. Ich widersprach lautstark und bekam Zustimmung.

Einige Stunden später wurde der vom Arbeitsausschuss formulierte Vorschlag zur »eingetragenen Lebenspartnerschaft« vom Parteitag mit großer Mehrheit angenommen. Sogar Bundeswirtschaftsminister Rexrodt, der das Thema für völlig irrelevant hielt – ich solle die

Mit diesem Flyer warb der Bundestagskandidat Spector 1994

Leute mit meinem Privatleben in Ruhe lassen, hatte er mir mal an den Kopf geworfen –, stimmte mit Ja.

Von der Nominierung für die Landesliste bis zur Bundestagswahl im Oktober 1994 vergingen einige Monate. Der Wahlkampf zog sich in die Länge. Ich verteilte Flugblätter und Flyer: »Kreuzberger – Kaufmann – Schwul – Liberaler«.

Da Rexrodt, der F. D. P.-Direktkandidat für Kreuzberg/ Schöneberg, selten vor Ort war, nahm er kaum Termine wahr, schon gar nicht in Schulen. Zu weit war sein Geschwafel von der Lebenswirklichkeit nicht nur der Schülerinnen und Schüler entfernt. Landesgeschäftsführer Thorsten Müller und ich haben ihn auch ein wenig hinter die Fichte geführt und erklärt, dass es keine Anfragen gebe. Und wenn kurzfristig Termine reinkämen, würde er für adäquaten Ersatz sorgen.

Ich betrachtete meine Auftritte in erster Linie als Rhetoriktraining.

Im Sommer 1994 gab es die erste hochkarätig besetzte Diskussionsrunde im *SchwuZ* in der Kulmer Straße in Schöneberg. Das Kommunikationszentrum kannte ich seit meinem 18. Lebensjahr, hatte dort die junge Gayle Tufts gesehen, als sie noch sehr schlecht Deutsch konnte, und den Schriftsteller und Studenten Ronald M. Schernikau mit der Travestie-Gruppe *Ladys Neid*. Mir war der Ort auch sympathisch, weil man nach getaner Arbeit zu einem leckeren Käse-Baguette ins Vorderhaus gehen konnte. In ihrer modernen, hellen schwulen Kneipe servierten Peter und Till die leckersten Baguettes der Stadt. Das »Flip-Flop« war seit 1983 der einzige Ort in Westberlin, wo ich mit großem Appetit etwas zu mir nahm.

Für die SPD war Jutta Limbach gekommen, Vizepräsidentin des Bundesverfassungsgerichts, und für die CDU die Hamburger Bundestagsabgeordnete und Verfassungsrechtlerin Susanne Rahart-Vahldieck. Ich saß für die F. D. P. im Podium, angekündigt als der erste offen schwule Bundestagskandidat der Parteigeschichte. Rhetorisch konnte ich den beiden Frauen nicht das Wasser reichen, was mein liebster F. D. P.-naher Redakteur in seinem Artikel für *Pink Power* gnädig unerwähnt ließ. Mit seinem Beitrag erreichte er wesentlich mehr Menschen als die Veranstaltung selbst. Zu der waren nur knapp dreißig Leute gekommen.

Der Bundeswirtschaftsminister kannte den Termin, und als er hörte, dass Jutta Limbach in die Bütt steigen würde, wollte er unbedingt aufs Plakat und auf die Bühne. Der Landesgeschäftsführer redete ihm eine Teilnahme wegen Sicherheitsbedenken aus. Das *SchwuZ* befand sich im Hausbesetzer-Kiez im dritten Hinterhof in der vierten Etage. Als Minister gehörte Rexrodt überdies der Regierung Kohl an, die dort nicht sehr beliebt war.

Die Diskussion selbst war eher langweilig gewesen, die Teilnehmer tauschten ihre längst bekannten Positionen aus. Jutta Limbach war juristisch präzise, Susanne Rahart-Vahldieck leidenschaftlich, als sie über ihre privaten Freunde und deren Miseren berichtete, ich forderte gleiche Rechte für alle.

Ziel meines Wahlkampfs war, die F. D. P. als den bürgerlichen Partner der Schwulenbewegung erscheinen zu lassen. Die Strategie ging auf. Auch in den anderen Parteien nahm man das Thema auf und besetzte es offensiv. Es fand sich eine kleine Runde schwuler und lesbischer Politiker aus allen Parlamentsparteien – ausgenommen Mitglieder der CDU – regelmäßig auf Einladung der offen lesbischen Charlottenburger Bezirksbürgermeisterin in ihrem Rathaus zusammen. Auch zwei ÖTV-Lesben waren mit dabei. Der Kontakt zum Grünen Volker Beck wurde über F. D. P.-Parteifreunde aus NRW und die Grünen gehalten.

Insgesamt waren wir etwa ein Dutzend Politikerinnen und Politiker in ganz Deutschland, die schwulenpolitische Themen mit aller Macht in die Öffentlichkeit trugen. Dabei war meine Partei ein ebenso schwer zu bestellendes Feld wie die SPD, wo sich vor allem alte Gewerkschafter noch immer mit homophoben Sprüchen hervortaten. Wir ignorierten das geflissentlich, egal, in welcher Partei wir waren.

Bei den Gesprächsrunden im Rathaus Charlottenburg konnten wir uns darüber ausheulen, was uns an schrägen Sachen gesagt worden war. So eine überparteiliche solidarische Atmosphäre hatte ich schon lange nicht mehr erlebt, und ich sollte sie auch nie wieder erleben.

Im September 1994 folgte die wahrscheinlich ulkigste Wahlkampfparty der Weltgeschichte. Uwe und Hermann hätten sicher nicht schlecht gestaunt, welche

Fortschritte ich gemacht hatte und eigentlich nahe dem von ihnen angepeilten Ziel war. 44 Leute drängten sich in meiner Ein-Zimmer-Sozialwohnung in Kreuzberg auf 37 Quadratmetern. Gemeinsam mit meiner Mutter Louise, die bereits am Vortag angereist war, kaufte ich ein – stets mit dem Zweifel, ob die Billigweine aus Frankreich, Italien, Spanien, Rumänien, Bulgarien und Portugal den hochgestellten Persönlichkeiten schmecken würden. Louise hatte wahrscheinlich recht. Also landeten Vinho Verde, Beaujolais Villages, Mädchentraube, Vinprom und Erlauer Stierblut wieder in den Supermarkt-Regalen.

Nun griffen wir nach Bierflaschen und Dosen. Der Supermarkt bot eine Riesenauswahl Bier aus Deutschland, Österreich, Frankreich, England, Schottland, Irland, Polen und vom Balkan. Sogar Bier aus Vietnam gab es.

Ich wüsste heute nicht, wo ich auf die Schnelle bulgarisches oder vietnamesisches Bier herbeizaubern könnte.

Dann kochten wir Nudeln für mindestens vierzig Leute und bereiteten die Bolognese mit angebratenen Zwiebeln, Hackfleisch, Tomatenmark und ganz viel Kräutern zu. Später stieß Frank dazu und half mit, kiloweise Käse zu reiben.

Gegen 18 Uhr kamen die ersten Gäste. Sie nahmen auf der Couch, den Sesseln und meinen vierzehn gelben Klappstühlen Platz. Wer immer auch klingelte, wurde rasch versorgt. Der Eisschrank war voll mit Bier, und draußen auf der äußeren Fensterbank stand noch mehr Bier. Ab 19 Uhr wurden Spaghetti Bolognese mit frisch geriebenem Emmentaler gereicht.

Außenminister Kinkel werde sich verspäten, hieß es, die Verhandlungen in Moskau zögen sich in die Länge.

Bundeswirtschaftsminister Rexrodt vor der Küche von Spector, dem
Bewerber für den Bundestag, 1994

Die anwesenden Journalisten zeigten sich enttäuscht, auf
dieses Foto hatten sie doch gelauert. Die wohlmeinende
Michaela Senf, C-Promi aus NRW und ganz gut im liberalen Politik-Geschäft, rief Rexrodt an und überzeugte
ihn, zu kommen. Er erschien gegen 21 Uhr in Begleitung
seiner Frau auf der Bildfläche, als die Party schon in
vollem Gange war. Ich hielt eine kurze Begrüßungsrede,
dann sprach Rexrodt fünf Minuten aus dem Stegreif. Er
wirkte erschöpft, vermutlich lag ein anstrengender Tag
hinter ihm.

Natürlich wollten die Presseleute jetzt ein Foto
mit dem Bundeswirtschaftsminister haben. Niemand
hatte ihm gesagt, dass mehrere Fotografen von der
Tagespresse und auch der »schwulen Presse« da waren. »Jérôme« war darauf aus, sich mit seinem (un-)
geliebten Minister ablichten zu lassen. Später wurde
das Foto von unserem Handschlag in der Küche ver-

vielfältigt und im Wahlkampf unter dem Titel »Neue Lebensformen« verbreitet. Ausgerechnet mit Rexrodt! Sein Lieblingsthema war das nun wahrlich nicht. Aber darauf kam es auch gar nicht an. Die PR war schließlich alles, was zählte.

Gegen 3 Uhr verließ uns der letzte Gast. Eine Stunde später war bereits aufgeräumt und abgewaschen. Ordnung muss sein, wir waren in Preußen.

Der Wahlkampf trat in seine heiße Phase, und ich hatte immer weniger Zeit für berufliche Dinge. Aber das fiel angesichts meiner fleißigen Mitarbeiter kaum auf. Obwohl ich eigentlich ein völlig aussichtsloser Bundestagskandidat war, erfuhr ich eine schier unglaubliche Aufmerksamkeit in der Öffentlichkeit. Drei Monate lang lag ich in den Zeitschriftenregalen der schwulen Kneipen in Berlin. Ein den Jungliberalen nahestehender junger Mann, der damals eine neue Zeitschrift startete, hatte mich sogar zwei Mal auf der Titelseite. Mein Gesicht wurde bekannt. Ich musste mich daran gewöhnen, dass mich völlig fremde Jungs und Männer auf der Straße anstarrten. Ich konnte oft das Getuschel in ihren Augen spüren.

An den letzten drei Wahlkampfwochenenden drehte ich richtig auf. Wir bauten unseren Wahlstand vor den einschlägigen Schwulentreffs auf. Es handelte sich eigentlich um den Messestand des »Wirtschaftsdiensts«, der unter der Woche an den verschiedenen Unis der Stadt im Einsatz war: eine kleine, einen Meter breite Theke, auf der Infomaterial lag und unter der man den Rest verschwinden lassen konnte, dazu ein fast drei Meter hoher Plakatturm, fast einen Meter breit, an dem das Foto prangte, auf dem sich der offen schwule Bundestagskandidat und der Bundeswirtschaftsminister lächelnd die Hand reichten. Natürlich demagogisch, wenn nicht gar eine Lüge. Rexrodt lächelte seine Aversion hinweg. Aber waren nicht alle Politikerfotos inszeniert und folglich verlogen?

Neben uns standen die SchwuSos und auch die Grünen, die neuerdings den Vornamen »Bündnis '90« trugen. Sie hatten zwar weniger professionelle Stände, aber tolle Flugblätter.

Es war gar keine dumme Idee, dass Zeitschriften-Herausgeber Marc mein Foto auf Seite 1 seiner *Pink Power* im Oktober platziert hatte, denn wir machten in den Freitag- und Sonnabendnächten des 30. September und des 1., 7., 8., 14. und 15. Oktober »Nachtwahlkampf« – die Wahl war schließlich am 16. Oktober. Übrigens sollte man am Freitagabend schon alle Lebensmittel beisammen haben, denn die Geschäfte machten damals am Sonnabend schon um 14 Uhr zu.

Und wenn ich als »Standverantwortlicher«, der ja auch dafür Sorge tragen musste, dass alles für unter der Woche wieder picobello und einsatzbereit war, erst gegen 8 Uhr morgens ins Bett kam, wollte ich zumindest ausschlafen, denn am späten Abend folgte ja die nächste »Nachtschicht«.

Anfang Oktober war es schon etwas kühl, mitunter sogar neblig und fast frostig am Morgen. Aber wir hielten tapfer durch. Die JuLis unterstützten mich in wechselnder Besetzung. Wir trugen Anzüge und Krawatten – der schwule Bundestagskandidat trug unter dem Anzug zum hellgelben Pullover gern eine blaue Burberrys-Krawatte. Britische Mode stand ihm wohl schon immer ganz gut.

Das Kalkül unserer nächtlichen Aktivitäten: Wir wollten den politisch schüchternen und etwas naiven CDU-Wähler erreichen und bewegen, für die F.D.P. zu votieren. Davon gab es vermutlich eine Menge.

Ob unsere Konzentration auf schwule CDU-Wähler funktioniert hat, weiß ich nicht. Die F.D.P. kam bundesweit auf 6,9 Prozent und war fortan nicht mehr die drittstärkste Kraft im Bundestag: Das war nun Bündnis '90/Die Grünen.

In Kreuzberg stand lediglich eine 1 vor dem Komma.

Die F. D. P. verstößt
IM »Jérôme«
und Tamara Danz
lässt sich umarmen

Bereits vor dem Wahltag hatten wir siegessicher für die Party eine edle Kneipe in Berlin-Mitte angemietet. Das konnten wir vergessen. Thorsten, der Landesgeschäftsführer, lud mich zum Bier unter vier Augen. Wir verließen unser Lokal und fanden am Platz der Akademie, der jetzt wieder Gendarmenmarkt hieß, eine Kneipe, wo man noch reinkam. Doch auch hier war es ziemlich voll. Im Gedränge erkannte ich Tamara Danz, die mit Bandmitgliedern lauthals diskutierte. Die Sängerin von Silly wohnte, wie ich wusste, um die Ecke.

Thorsten wurde nach kurzem Geplänkel auf einmal sehr ernst.

»Sie haben Jérômes Karte gefunden«, sagte er und schaute mich durchdringend an.

Ich stellte mich unwissend, obgleich ich wusste, was er damit meinte.

»Hä?«, sagte ich und nahm einen Schluck aus dem Glas. »Was meinst du?«

Er zog wortlos ein Blatt aus seiner Brusttasche, faltete es umständlich auseinander und hielt es mir vors Gesicht. Oben rechts sah ich den Stempel »BStU«, dann meine Daten. Entgegen meiner bisherigen Annahme, von der Aufklärung angeworben und geführt worden zu sein, bemerkte ich nun erstmals, dass ich an der Leine der Abwehr, der Hauptabteilung XX, gehangen hatte. Mann, Uwe und Hermann, das hättet ihr mir auch sagen können, dachte ich mir. Was natürlich absurd war: Hätte es etwas geändert?

Thorsten meinte noch etwas über meine und seine Zukunft reden zu müssen, doch das war nicht mehr als das Auslaufen nach dem Passieren der Ziellinie. Das wussten wir beide. Die Stasi-Hysterie war inzwischen – dank der Gauck-Behörde und ihren Sprachverstärkern in den Medien – derart gewaltig, dass selbst nur eine angedeutete Nähe zum MfS tödlich war. Ich wusste beim Anblick der Kopie meiner IM-Karte, dass damit meine Parteikarriere zu Ende war. Ich war verbrannt, wie es umgangssprachlich hieß, erledigt. Unerheblich, ob ich nun für die Stasi mit jemandem ins Bett gegangen war oder nicht (natürlich nicht): Ich hatte fortan gesellschaftlichen Aussatz.

Als wir aufbrachen, ging ich zu Tamara hinüber und umarmte sie mit den Worten: »Das ist heute der schwerste Tag in meinem Leben.«

Sie schaute mich aus alkoholtrüben Augen an, weil sie mich nicht verstand und ich ihr unbekannt war. Aber da ich auch nicht mehr ganz nüchtern war, wehrte sie sich nicht gegen die Aufdringlichkeit. »Kleena, det wird schon wieda, Kleena«, sagte sie und schüttelte wie zur Bekräftigung ihre gewaltige Mähne.

Ich lachte gequält und verließ das Lokal.

Am Morgen rief mich lediglich Manfred an, der Bezirksvorsitzende der F. D. P. Kreuzberg.

Wir verabredeten uns am Abend in einer Pizzeria am Anhalter Bahnhof. Dort steckte er mir, was ich ein paar Tage später bei der Sitzung des Landesausschusses im Rathaus Charlottenburg unmissverständlich spürte. Manche Ausschussmitglieder hatten offenbar schon lange vor dem Wahltag davon gewusst und aus Parteiraison dichtgehalten. Nichts sollte nach draußen sickern, weil man fürchtete, dass es für die anderen Parteien und die Presse ein gefundenes Fressen gewesen wäre. Was aus heutiger Sicht mehr als albern war – ich war kein Spitzenkandidat, sondern stand auf Platz 10 der Landesliste. Aber die Geheimniskrämerei der Partei in dieser Sache verrät, welchen Stellenwert damals solche »Enthüllungen« besaßen.

Der Landesvorsitzende Rexrodt hielt eine lange und langweilige Rede. Die Partei war von 11 auf 6,9 Prozent abgestürzt, die F.D.P. hatte 37 Prozent ihrer Wähler seit 1990 verloren. Es reichte immerhin zur Fortsetzung der christlich-liberalen Koalition. Rexrodt betrieb Fehleranalyse, die an der Oberfläche blieb und, ohne meinen Namen zu nennen, an meine Adresse gerichtet war. Der Wahlkampf sei zu sehr mit sehr kontroversen Themen geführt worden. Jeder wusste, was er damit meinte.

Ich verspürte wenig Lust, zu reagieren. Ich stand auch irgendwie neben mir und betrachtete alles nur noch aus der Perspektive eines Außenstehenden. Meine »Stasi-Geschichte« war überall rum, das konnte man in den Gesichtern sehen. Man grüßte mich nur schüchtern bis ängstlich. Die Parteifreunde wollten sich nicht infizieren.

Immerhin zwinkerte mir Wolfgang Mleczkowski ein letztes Mal geheimnisvoll zu.

Im November, zwei, drei Wochen nach der Wahl, wurde ich vor eine kleine Parteikommission geladen. Die Kommission wurde von einem bekannten Staatsanwalt beim Berliner Kammergericht geleitet, der, wie es schien, bereits Akteneinsicht genommen hatte. Ich wiederholte, was ich vor vier Jahren bereits vorm Verfassungsschutz und vorm Staatsschutz offenbart hatte.

Nach etwa einer halben Stunde Zerknirschung fragte er mich, ob man meine kleine Lebensgeschichte so zusammenfassen könnte, dass man mich »Perspektivagent« nennen könnte. Ich bejahte – obwohl ich den Begriff nie selber verwendet hätte. Ich musste schließlich meine Legende des naiven Studenten aufrechterhalten.

Die Kommission legte mir nahe, meinen Austritt aus der F. D. P. zu erklären, was ich handschriftlich tat und per Einschreiben an den Landesvorstand schickte. Als Begründung gab ich an, dass ich die Wirtschaftspolitik von Rexrodt nicht mittragen könne.

Die *taz* ging der Sache nach. Sie brachte es auf acht Beiträge. Nur das Haus Springer, dessen Boulevard-Blätter sonst alles aufgriffen, was nach Skandal riecht, schwieg tapfer.

Der erste Beitrag erschien am 9. Dezember 1994 unter der Schlagzeile: »Rexrodt wusste alles!«

Ich hatte es inzwischen satt, in jeder schwulen Kneipe erkannt zu werden. Früher hatten mir das Geraune und Getuschel geschmeichelt. Jetzt kippte die Stimmung, Häme und Spott machten die Runde. Der böseste Artikel in einem schwulen Blättchen trug die Überschrift »Ein Herz für die Stasi«.

Ich ließ mir die Haare kurz schneiden und einen Vollbart wachsen. Aber das genügte nicht. Ich ging in ein sehr angenehmes Exil und zog in eine Stadt in Bayern. Das sollte sich als klug erweisen. Was ich nun aus geschützter Ferne beobachtete, beobachten musste, machte mir nachdrücklich bewusst, dass ich nicht auf der falschen Seite gestanden hatte.

Nachwort

Von Wolfgang Schmidt*

»Hinsichtlich der Rechte für Homosexuelle war die DDR fortschrittlicher.« Mit dieser gewiss zutreffenden selbstkritischen Feststellung beginnt ein Beitrag, den die Bundeszentrale für politische Bildung im Februar 2018 auf ihrer Homepage veröffentlichte. Dieser Text ist dort noch immer zu lesen. Allerdings auch Behauptungen wie diese: »Die Staatssicherheit überwachte die schwul-lesbische Szene noch in den 1980er Jahren.« Nun, der »Dämon« observierte bekanntlich alles in der DDR, er hörte das Gras wachsen und sah Ufos im märkischen Sand landen, er ließ seine eigenen Kinder im Ungewissen über die menschenverachtende Profession ihrer Väter oder sorgte für Zwangsadaptionen sowie für die Arretierung von Teenagern in Jugendwerkhöfen, die Stasi dopte Spitzensportler und brach Biografien … Warum sollte sie nicht auch die Lesben und Schwulen überwacht haben?

Wir kennen die Klischees und Stereotype, welche seit dessen Ende über das MfS verbreitet werden. Inzwischen nehmen, allem Anschein nach, viele Landsleute aufgrund ihrer steten Wiederholung diese Legenden und Lügen für bare Münze. Das sollte Augen- und Zeitzeugen, die es anders wissen, geradezu zwingen, ihre Erinnerungen weiterzugeben, um der staatlich verordneten Geschichtsklitterung zu widersprechen.

Stefan Spector macht dies hier. Der bekennende Schwule bekam es mit der Staatssicherheit zu tun – aber nicht, weil er vom anderen Ufer, sondern weil er aus dem Westen war und der DDR politisch nahestand. Wir warben den Studenten in Westberlin als Perspektivagenten an. 1988!

Das spricht für die strategische Ausrichtung wie auch für die Langfristigkeit unserer Aufklärungsarbeit. 1988 dachte niemand ans Ende der DDR. Oder aber, das wäre die zynische Deutung, selbst »das Organ« machte immer so weiter wie gewohnt, obgleich doch bereits die Totenglöckchen klangen. Vermutlich glaubte niemand, dass die Tage der DDR gezählt sein könnten, es lag außerhalb auch unserer Vorstellung, dass dieses Land verschwinden würde. Weshalb sollte die Fantasie der ostdeutschen Geheimdienstler stärker blühen als die der wichtigsten Politiker im Westen?

Stefan Spector und ich lernten uns 2014 auf einer Konferenz in Gera kennen, die sich mit der Historie des Paragrafen 175 beschäftigte. Diese seit 1872 geltende Rechtsvorschrift, welche sexuelle Handlungen zwischen Männern bestrafte, war in der Bundesrepublik im Juni 1994 stillschweigend erledigt worden. Die Arbeiterbewegung, insbesondere deren kommunistischer Teil, stritt bereits in den zwanziger Jahren für dessen Abschaffung, die Nazis hingegen hatten die Bestimmungen verschärft. Zwischen 1933 und 1945 wurden fast 50 000 Männer wegen Homosexualität verurteilt, etwa jeder Zehnte kam ins KZ und musste dort den »Rosa Winkel« tragen. Tausende kamen in Haft ums Leben. Eine »Reichszentrale zur Bekämpfung der Homosexualität und Abtreibung« erfasste systematisch all jene, die an-

Wolfgang Schmidt, Oberstleutnant des MfS a. D., der über den hier beworbenen Film, welcher am 23. März 2006 in die Kinos kam, nur lachen konnte

ders als vorgeschrieben lebten und liebten, und lieferte sie ans Messer.

Der Umgang mit diesem Paragrafen war im geteilten Nachkriegs-Deutschland sehr unterschiedlich. In der DDR wurde er seit 1957 de facto nicht mehr angewandt, und elf Jahre später, mit der Einführung eines neuen Strafgesetzbuches, verschwand er. § 151 StGB der DDR stellte jedoch weiter »sexuelle Handlungen« Erwachsener mit gleichgeschlechtlichen Jugendlichen unter 18 Jahren unter Strafe. Das war insofern diskriminierend, weil ansonsten das Schutzalter für sexuelle Handlungen mit Jugendlichen bei 16 Jahren lag. Die Volkskammer strich 1988 auch diesen Paragrafen ersatzlos, nachdem das Oberste Gericht der DDR in einem Grundsatzurteil am 11. August 1987 erklärt hatte, dass »Homosexualität ebenso wie Heterosexualität eine Variante des Sexualverhaltens darstellt. Homosexuelle Menschen stehen somit nicht außerhalb der sozialistischen Gesellschaft, und die Bürgerrechte sind ihnen wie allen anderen Bürgern gewährleistet.«

In der BRD hingegen wurde unverändert nach §§ 175 und 175 a – in der Fassung von 1935! – geurteilt. Auf dieser Basis kam es zwischen 1950 und 1969 zu mehr als 100 000 Ermittlungsverfahren, wobei jedes zweite Verfahren mit einer rechtskräftigen Verurteilung endete. Nach Strafrechtsreformen 1969 und 1973 wurde Homosexualität unter Erwachsenen nicht mehr bestraft. Der verbliebene § 175 war dem § 151 des DDR-Strafrechts vergleichbar. Ein am 9. März 1989 von dem Grünen im Bundestag gestellter Antrag, § 175 ersatzlos aus dem BRD-Strafgesetzbuch zu streichen, wurde von CDU/CSU, F. D. P. und SPD abgelehnt.

Nach dem Beitritt der DDR zur Bundesrepublik erfolgte darum in den beiden Territorien eine unterschiedliche Rechtsprechung, denn der Rückschritt im Osten – sofern man dort den § 175 wieder eingeführt hätte – wäre zu offensichtlich gewesen, und wenn man ihn auch im Westen getilgt hätte, hätte die Übernahme der ostdeutschen Rechtspraxis der Behauptung vom »Unrechtsstaat DDR« erkennbar widersprochen. Also unterblieb sie. Weil aber in einem Staat nicht zwei unterschiedliche Rechtssysteme auf Dauer bestehen konnten, ließ 1994 der Bundestag den sogenannten Schwulenparagrafen einfach »wegfallen«. Ohne viele Worte darüber zu verlieren. (Erst 2017 wurde ein Gesetz zur Rehabilitierung verurteilter Homosexueller beschlossen, von dem allerdings bisher nur wenige Personen profitierten.)

»Der letzte Anstoß dazu, dass der demokratische Rechtsstaat das diskriminierende Sonderstrafrecht gegen Homosexualität endlich beseitigte, kam paradoxerweise aus der DDR«, schrieb der Sprecher des Lesben- und Schwulenverbandes Günter Dworek nach jenem »Wegfall« des Paragrafen 175 StGB, der 123 Jahre im bürgerlichen Deutschland gegolten hatte. Insbesondere in der Adenauer-BRD habe »ein massiver Verfolgungsdruck: Razzien, Rosa Listen, Prozesswellen, totale gesellschaftliche Ächtung« bestanden. »Der Religionsphilosoph und Historiker Hans-Joachim Schoeps hat 1963 das bittere Wort geprägt: ›Für die Homosexuellen ist das Dritte Reich noch nicht zu Ende.‹« Und an anderer Stelle schrieb Dworek: »§ 175 diente damit auch weiterhin als Rechtfertigung für Überwachung und Polizeirazzien an Schwulentreffpunkten, ebenso für das Führen von Rosa Listen. Schon 1969 hatte der Mannheimer Staatsanwalt Wolf Wimmer die Parole ausgegeben, ›es geht nichts über ein mit griffelspitzerischer Sorgfalt geführtes Homosexuellen-Register‹. Der § 175 strahlte negativ weit über das Strafrecht hinaus auf die rechtliche und gesellschaftliche Stellung von Homosexuellen. Bis in die 1980er Jahre gab es immer wieder Fälle, in denen Jugendeinrichtungen mit Verweis auf § 175 untersagt wurde, homosexuelle Emanzipationsgruppen zu Diskussionen einzuladen. Im schwäbischen Aalen wurde beispielsweise 1982 der Stadtjugendpfleger entlassen, weil er dem örtlichen Schwulen-Verein im Jugendzentrum einen Tagungsraum zur Verfügung gestellt hatte.«

Das war in der alten Bundesrepublik. Überwachung, Polizeirazzien, Rosa Listen.

Nun galt auch für die DDR, was vermutlich in jedem anderen demokratischen Land festzustellen war und ist: Verfassung und Rechtsprechung sind das eine – das andere die gesellschaftliche Wirklichkeit. Traditionen, Verhaltensmuster und Gewohnheiten pflanzen sich in den Generationen fort, deren Veränderung dauert meist Jahrzehnte. Das war einer der Gründe, weshalb ich Anfang der achtziger Jahre von meinem Chef, dem Leiter der Hauptabteilung (HA XX), beauftragt wurde, alles über die Lebenswirklichkeit der Homosexuellen in der DDR zusammenzutragen, wie sie sich und die DDR sahen, was sie bedrückte und was die Gründe waren, dass sowohl die Zahl der Ausreiseanträge als auch die der Selbstmorde über dem gesellschaftlichen Durchschnitt lagen.

Ich war zu jenem Zeitpunkt Auswertungschef in der XX, und unmittelbarer Anlass für diesen ungewöhnlichen Auftrag von Generalmajor Paul Kienberg war die Entwicklung von Friedens- und Umweltgruppen unter dem Dach der Kirche. In diesem Kontext hatten sich auch Gruppen von Homosexuellen dort gefunden, ca. zweihundert Personen in der ganzen DDR, die vielleicht in einem Dutzend Gruppen zusammenkamen. Offenkundig bestand der Verdacht bei der Führung des MfS, dass sich dort die gleichen Prozesse entwickeln könnten wie in den Umwelt- und Friedenskreisen, woraus sich Gefahren für die innere Sicherheit der DDR ergeben könnten. Das war die damalige Lesart, die – wie wir heute wissen – auch Ausdruck eines übersteigerten Sicherheitsinteresses war und mitunter zu haltlosen Verdächtigungen und überzogenen Reaktionen führte.

Ich recherchierte in den mir zugänglichen Informationsquellen. Bis zum Ende des MfS sollte es nicht einen einzigen hauptamtlichen Mitarbeiter geben, der sich ausschließlich mit dieser Problematik beschäftigte. Schwule und Lesben – ich greife vor – waren kein Thema, das die Sicherheit des Staates DDR tangierte. Genau das war meine Schlussfolgerung, die ich auf zwei Seiten niederschrieb. Dort erklärte ich erstens, dass das Bedürfnis der Homosexuellen, sich zu organisieren, Reflex auf ihre als unbefriedigend empfundene Lage in der DDR sei. Wenn darauf nicht politisch reagiert werden würde, könnte perspektivisch ein systemkritisches Potenzial – wir nannten das im MfS »politische Untergrundtätigkeit« – entstehen. Gegenwärtig jedoch war es das nicht. Zweitens bestünde eine gesamtgesellschaftliche Notwendigkeit, dieses Thema konstruktiv zu lösen, denn – der Überlegung von Marx folgend – zwischen der »vollen und freien Entwicklung jedes Individuums« und der Entwicklung der Gesellschaft, d. h. deren Charakter, besteht ein dialektischer Zusammenhang. Nicht gegen, sondern nur mit und in der Gesellschaft ist Emanzipation des Einzelnen oder von Gruppen möglich. Drittens nannte ich es paradox, dass einerseits die KPD in der Weimarer Republik für die Rechte der Homosexuellen kämpfte, andererseits wir heute alles unternahmen, dass sich die Homosexuellen unter dem Dach der Kirche versammeln mussten, weil wir ihnen dazu keine Möglichkeit boten.

Danach notierte ich auf sechs, sieben Seiten die wesentlichen Forderungen, die in homosexuellen Kreisen erhoben wurden – und wie wir, also die Institutionen der DDR, darauf reagieren sollten.

Zu den nach meiner Überzeugung legitimen Forderungen gehörten beispielsweise die Erlaubnis, Kontaktanzeigen in den Printmedien schalten zu dürfen (denn das wurde aus unerfindlichen Gründen von fast allen Zeitungen strikt abgelehnt), die Zulassung von Veranstaltungen (sie fanden zwar statt, aber stets mit Legendierung; kam es heraus, gab es Ärger). Man wünschte eine Gleichstellung mit den Heteros bei der Anmietung von Wohnungen und bei der Adoption von Kindern sowie die Abschaffung des § 151 StGB, der u. a. den Verkehr Erwachsener mit gleichgeschlechtlichen Jugendlichen kriminalisierte. Auch wurde die Homo-Ehe gewünscht, was aber eigentlich ohne Relevanz war: Die nichteheliche Gemeinschaft war in der DDR der ehelichen Verbindung ohnehin gleichgestellt, und Steuer- und Erbschaftsangelegenheiten spielten hierzulande keine Rolle. Es wurde ferner gewünscht, dass man in den Gedenkstätten des antifaschistischen Widerstandes als eigenständige Gruppe an die von den Nazis ermordeten Homosexuellen erinnern durfte. Der Antrag auf Bildung eines Vereins war 1973 vom Innenministerium mit dem Argument abgelehnt worden, dass eine einzige Position – nämlich der Zusammenschluss aufgrund sexueller Präferenzen – keinen hinlänglichen Grund für die Bildung einer Vereinigung darstelle.

Für diese Zurückweisung spielte sicherlich auch eine Rolle, dass der Auftritt einer »Homosexuelleninitiative Berlin« bei den Weltfestspielen der Jugend und Studenten im August 1973 als Provokation empfunden und vermutlich als solche auch geplant worden war. Aktivisten teilten per Transparent mit: »Wir Homosexuellen der Hauptstadt grüßen die Teilnehmer der X. Weltfestspiele!« Auch wenn seit Jahren DDR-Wissenschaftler forschten und schrieben, dass Homosexualität weder eine ansteckende Krankheit noch eine »Missbildung« sei und darum »legalisiert« werden müsse, sah die DDR-Führung in diesem Auftritt 1973 eine Ungeheuerlichkeit. Organisierte Homosexuelle? Undenkbar!

Außerdem glaubte man Rücksicht auf die Teilnehmer aus arabischen Staaten nehmen zu müssen, in denen nachweislich ein homophobes Gesellschaftsklima herrschte.

In meiner Zustandsbeschreibung von 1983 machte ich klar, dass es sich alles in allem um akzeptable, vernünftige wie verständliche Wünsche und Forderungen handelte, die Schwule und Lesben in der DDR beschäftigten und auf die eingegangen werden sollte.

Ich schrieb also meine Vorschläge auf – wohl wissend, dass sich manches zwar administrativ würde lösen lassen, aber die Entwicklung einer allgemeinen gesellschaftlichen Akzeptanz konnte man nicht auf Weisung besorgen. Das würde dauern. Tradierte Denk- und Verhaltensmuster, Ressentiments und Vorurteile, moralische Vorstellungen und ethische Grundhaltungen waren und sind langlebig. Juristisch und politisch konnte und musste allenfalls der Rahmen gesetzt werden. Doch der war als erster Schritt nötig.

Generalmajor Kienberg – dessen Vater Jude war, weshalb er das Problem der Ausgrenzung am eigenen Leibe erfahren hatte: Die Nazis sperrten ihn darum in ein Arbeitslager – erhielt meine Notizen mit dem üblichen Anschreiben: »Anbei die Analyse … zur Kenntnisnahme und weiteren Veranlassung … abgestimmt mit …« Kienberg schaute auf meine Analyse und die Vorschläge und sagte, ich solle das auf »ordentliches Papier« schreiben. Damit war mir klar: Er wollte es weitergeben.

Erst später erfuhr ich den Weg meiner Ausarbeitung. Es war ein klassisches Non-Paper, ohne Briefkopf, ohne Adressat. Kienberg leitete es auch nicht, wie sonst üblich, an die ZAIG, an die Zentrale Auswertungs- und Informationsgruppe, weiter, sondern – in Abstimmung mit dem Stellvertretenden Minister Rudi Mittig – außerhalb des offiziellen Dienstweges vermutlich an einen vertrauten Genossen in der Abteilung Staat und Recht im Zentralkomitee. Dort schien man darauf gewartet zu haben, denn offenkundig brauchte man dort die Bestätigung eigener Überlegungen durch das MfS, um bestimmte Änderungen durchsetzen zu können. Vielleicht war sogar eine solche Untersuchung mit eben dieser Absicht bei Kienberg auf dem »kurzen Dienstweg« bestellt worden. Ich weiß es nicht.

Honecker, dem das Papier vorgelegt wurde, wies es zurück, man möge ihn damit nicht behelligen, soll er gesagt haben. Vermutlich hing das mit der aktuellen Kießling-Affäre zusammen. Der Stellvertretende NATO-Oberbefehlshaber war in den bundesdeutschen Medien als homosexuell denunziert worden, wochenlang fand eine widerliche öffentliche Debatte statt, was den Bundesverteidigungsminister schließlich veranlasste, den 57-jährigen Vier-Sterne-General Günter Kießling in den Ruhestand abzuschieben. Der ganze Vorgang war nicht nur unappetitlich, sondern ein gesellschaftlicher Skandal. Honecker wünschte offenkundig keine wie auch immer geartete Begleitmusik zu liefern, zumal wir selbst im Glashaus saßen: Wenn ein Angehöriger der bewaffneten Organe – NVA, Innenministerium, MfS, Zoll – oder ein anderer Geheimnisträger als homosexuell geoutet wurde, entließ man ihn mit der Begründung, dass er erpressbar sei und darum objektiv ein Sicherheitsrisiko darstelle. (Dass ein solches Sicherheitsrisiko nur deshalb existierte, weil Homosexualität – trotz aller fortschrittlichen Gesetzgebung – unverändert einer unausgesprochenen gesellschaftlichen Ächtung unterlag, wurde dabei nicht erörtert).

Nach einiger Zeit legte man Honecker das Papier noch einmal vor und ihm nahe, dass er dazu ja keine öffentliche Erklärung abgeben müsse, es würde doch genügen, wenn er veranlasste, dass die Handlungsanweisungen »durchgestellt« würden. Und so geschah es – mit überraschenden Reaktionen. Der Chefredakteur der *Leipziger Volkszeitung* beschwerte sich, dass er jetzt Kontaktanzeigen veröffentlichen sollte. Leiter von Gedenkstätten empörten sich, dass Homosexuelle Kränze und Gebinde mit eigenen Schleifen niederlegen durften und dergleichen.

Nach und nach erst stellte sich Normalität ein, und auch bei uns im Hause nahm man es locker. Es kursierte ein Spruch, der Mielke zugeschrieben wurde: »Ich habe nichts gegen Homos, es darf aber nicht zur Pflicht werden.«

Mein Papier von damals ist heute unauffindbar. Dass es aber existierte, belegt eine 1986 an der Juristischen Hochschule des MfS in Potsdam-Eiche entstandene Diplomarbeit, die sich mit diesem Thema beschäftigte. Darin wurde inhaltlich auf wesentliche Teile meiner Ausarbeitung zurückgegriffen.

Nach dem Untergang der DDR und in der sofort einsetzenden Denunziation und Kriminalisierung des MfS ploppte auch die vermeintliche Unterdrückung und Verfolgung der Schwulen- und Lesbenbewegung auf. Als sich am 9. November 1993 der *Ostdeutsche Rundfunk Brandenburg* – Vorläufer des heutigen *rbb* – in einem Beitrag zu der Behauptung verstieg, die Stasi habe »Rosa Listen« geführt, reagierte ich erstmals öffentlich. Ein Rechercheur in der damaligen Gauck-Behörde wurde als Kronzeuge vorgeführt, und dessen Intention war zweifelsfrei erkennbar: Er wollte, dass den Homosexuellen der DDR der Opferstatus zuerkannt werden sollte.

Ich erklärte in einem Schreiben an den Sender (welches im Übrigen unbeantwortet blieb), dass keine Schwulen- oder Lesbengruppe vom MfS der DDR-Opposition zugerechnet worden war, niemand sei aufgrund

der Zugehörigkeit zu einer solchen Gruppierung straf-
rechtlichen Maßnahmen ausgesetzt gewesen. Und eine
flächendeckende Überwachung, wie im Film behauptet,
sei bei geschätzten 300 000 bis 500 000 Schwulen und
Lesben in der DDR – sofern man dies gewollt hätte –
nicht nur unmöglich, sondern auch absurd gewesen:
Nicht jeder Homosexuelle bekannte sich öffentlich zu
seinen Neigungen. Warum auch?

Besonders empörte mich jedoch die Unterstellung,
dass das MfS »Rosa Listen« geführt habe. Das war eine
unverschämte, aber absichtsvolle Lüge. Damit wurde die
DDR dem Nazireich gleichgesetzt, denn die Faschisten
führten bekanntlich solche Listen (und wie später publik
wurde auch die BRD). Für das MfS konnte und kann ich
definitiv ausschließen, dass es solche Listen gab! Selbst
in der Ernstfallplanung, die bei Bekanntwerden allent-
halben für Empörung sorgte, weil diese im Krisen- und
Kriegsfall Internierungslager vorsah, existierten keine
namentlichen Listen mit Homosexuellen. Eine solche
Kategorie gab es einfach nicht. (Nebenbei: Die in der
Bundesrepublik Ende der sechziger Jahre beschlossenen
Notstandsgesetze, die die bürgerlichen Grundrechte
einschränken, sind unverändert gültig.)

In den neunziger Jahren legten mir »Opfer« Kopien
diverser MfS-Dokumente aus der BStU vor. Eine »Rosa
Liste« war nicht darunter. Sie wurde auch nie öffentlich
präsentiert. Was Wunder: weil es sie nicht gab! Es ist
wie mit dem Schießbefehl: Niemand hat ihn gesehen,
aber seine Existenz wird fortgesetzt behauptet.

Die These von den »Rosa Listen«, in denen angeblich »mehr als 4000 homosexuelle Männer und Frauen«
geführt wurden, setzte der Magdeburger Theologe Edu-
ard Stapel in die Welt. Er hatte im Auftrag des Berliner
Senats eine 70-seitige Expertise über die Verfolgung

von Schwulen in der DDR erstellt und war darin auf »insgesamt 13 Opfergruppen« gekommen. »Die Bandbreite der Verfolgung reichte von Berufsverboten bis zur Einweisung in psychiatrische Kliniken«, teilte er darin mit. »Anhand dieser Listen wurden vor allem Schwule systematisch schikaniert, kriminalisiert und für krank erklärt.« Das Nachrichtenmagazin *Focus* zitierte daraus am 5. April 1993: »Als Schwulenmekka galt Berlin, vor allem der Bezirk Prenzlauer Berg. In einem von der Stasi erstellten speziellen Stadtplan wurden Wohnungen, Szenekneipen, öffentliche Toiletten und ›Manipulationsorte‹ verzeichnet. ›In elf Straßen im Altbaugebiet zwischen Schönhauser Allee und Greifswalder Straße wohnen in 225 Wohnungen 281 Homosexuelle.‹«

Zu diesem Sachverhalt befragte mich auch Eike Stedefeldt, das Gespräch erschien in der *konkret* 7/94.

»Es hat auf örtlicher Ebene bei der Polizei solche Aufstellungen gegeben im Zusammenhang mit bestimmten Vorkommnissen, die aber auch im Rahmen der Volkspolizei wohl nicht zentral angewiesen waren oder überall geführt wurden. Im MfS selbst – ich spreche hier von der Zentrale – hat es solche Karteien oder Listen nicht gegeben«, erklärte ich damals und bekräftige es hier.

De mortius nihil nise bene – im Herbst 2017 verstarb Stapel mit 64 Jahren an Lungenkrebs. Der Bürgerrechtler wurde nicht erst in den Nachrufen als »Vorkämpfer der Schwulenbewegung in der DDR« gewürdigt, weil er 1982 den Arbeitskreis Homosexualität am Theologischen Seminar in Leipzig ins Leben gerufen, nachdem er an der dortigen Karl-Marx-Universität Journalistik studiert hatte. Im letzten Jahr der DDR gründete er den Lesben- und Schwulenverband, später ging er zu den Grünen, war deren Landesvorsitzender in Sachsen-Anhalt und wurde schließlich Ortsbürgermeister in Bismark in der

Altmark, seinem Heimatort. Bei der Landtagswahl im März 2017 stimmten dort 29,5 Prozent für die AfD. Das war der Spitzenwert nicht nur in der Region. Über die Toten nur Gutes – daran war Stapel nicht allein schuld, und das eine hat mit dem anderen nichts zu tun. Jedoch wussten schon Schiller und Hölderlin, der Dalai Lama und Helmut Kohl: Alles hängt mit allem zusammen, »alles ist verknotet und verkrampft«, heißt es in der Schiller-Biografie von Rüdiger Safranski.

Das alles sollte man bei der Lektüre der Erinnerungen von Stefan Spector im Hinterkopf haben, um gegen falsche Schlüsse gefeit zu sein. Bemerkenswert für mich sind vor allem die vielen Details, die er in der DDR wahrnahm, wie er sie interpretierte und speicherte. Sein Rückblick gewährt Einblicke in die verschwundene Gesellschaft, wie wir sie selbst nicht mehr wahrnahmen, weil wir uns an sie gewöhnt hatten. Was für uns selbstverständlich war, erschien nur Außenstehenden als etwas Besonderes. Erst durch ihren Verlust bemerkten wir selbst, wie wertvoll das uns nunmehr abhanden Gekommene eigentlich war. Manches vermissen wir gern, vieles jedoch mit Wehmut.

* Wolfgang Schmidt, Oberstleutnant a. D., Diplomkriminalist, war Angehöriger des Ministerium für Staatssicherheit von 1966 bis 1989, zuletzt als Leiter der Auswertungs- und Kontrollgruppe (AKG) der Hauptabteilung XX. 1992 gehörte er zu den Mitbegründern des Insiderkomitees zur Förderung der kritischen Aneignung der Geschichte des MfS, deren Homepage er bis heute verantwortet (https://www.mfs-insider.de)

Danksagung

Ganz vielen Dank an Henning und Thomas von *DKP queer* für die Ermutigung. Danke auch an Seny aus Offenbach und Gabi aus Lauscha, Christoph aus Luxemburg, Steff aus Flandern, Andreas aus Berlin, Michael aus Frankreich und meinen immer wieder neugierigen und ab und an ziemlich erstaunten Mann.

Stefan »Jérôme« Spector

Bildnachweis
Privat: S. 13, 18, 33, 64, 70, 72, 75, 80, 82, 84, 90, 99, 129, 137, 155, 183, 185, 193, 197, 201; Robert Allertz: S. 8, 107, 125, 147, 167, 211; Archiv edition ost: S. 22, 30, 118; Ulrich Burchert: S. 28, 110

edition ost im Verlag Das Neue Berlin –
eine Marke der Eulenspiegel Verlagsgruppe Buchverlage

ISBN 978-3-360-01891-5

1. Auflage 2019

Umschlaggestaltung: Verlag, Peter Tiefmann
unter Verwendung eines Fotos von Stefan Spector
Druck und Bindung: buchdruckerei.de, Berlin

www.eulenspiegel.com